優化學與教

中國語文教育論

廖佩莉　著

優化學與教

中國語文教育論

廖佩莉 著

商務印書館

本書由香港教育大學中國語言學系資助出版。

承蒙張寶珠女士為本書封面提供畫作，特此鳴謝。

優化學與教 中國語文教育論

作　　者：廖佩莉

責任編輯：鄒淑樺

封面設計：涂　慧

出　　版：商務印書館 (香港) 有限公司

　　　　　香港筲箕灣耀興道 3 號東滙廣場 8 樓

　　　　　http://www.commercialpress.com.hk

發　　行：香港聯合書刊物流有限公司

　　　　　香港新界大埔汀麗路 36 號中華商務印刷大廈 3 字樓

印　　刷：美雅印刷製本有限公司

　　　　　九龍觀塘榮業街 6 號海濱工業大廈 4 樓 A

版　　次：2017 年 8 月第 1 版第 1 次印刷

　　　　　© 2017 商務印書館 (香港) 有限公司

　　　　　ISBN 978 962 07 0508 3

　　　　　Printed in Hong Kong

目　錄

序 ....*iii*

第一章　兒童早期的語文學習

文字功用的察覺與幼兒學習語文的反思 *2*

個案研習：幼兒繪畫的觀察和分析 *9*

香港幼兒對"文字功用察覺"的研究 *15*

第二章　中國語文教學

"無為而無不為"的初小中國語文教學 *24*

香港小學中國語文科童話教學的誤區和建議 *28*

兒童文學的"共感"在初小語文品德情意教學的應用及意義 *47*

加入戲劇元素：角色扮演在小學中國語文科的應用 *53*

析論香港文言教學的現況和對策 *67*

淺談小學中國語文有關單元教學的問題 *84*

浸入式教學—香港小學非華語學童學習中文為第二語言的策略 *88*

香港語文教師在小班照顧學生個別差異的教學策略調查研究 *99*

第三章　促進學習的語文評估

理念與實踐：香港小學中國語文科教師對語文評估的意見調查 118

促進學習評估：中學中國語文科教師對此認識有多少？ 129

"促進學習的評估" 在中國語文科實行之我見 142

"學習檔案" 在中國語文學習評估中的特點 151

小學中國語文單元教學與學習檔案的應用 157

建立中文科學習檔案培養學生的自主學習能力 167

促進學習的回饋：中國語文科作文評語的運用 175

香港小學中文科教師對學生同儕互評目的的認識與意見調查 187

第四章　語文教師的素養

論香港新高中課程中國語文科的特點及對教師專業素養的要求 206

準教師應如何選擇語文教育的研究題目？ 218

第五章　結語

回顧與展望：析論中國語文教育的發展 222

序

　　要學好中文，是否一定要給幼兒唸字卡？當兒童升上小學，要給予他們大量的語文練習和測驗？測驗和考試是唯一的語文評估工具？如何能幫助學童學好中文呢？這是語文教育的重要課題。

　　語文教育須因應學童的心智發展，培養他們學習語文的興趣，讓他們樂於學習。學習語文，不應只注重學童懂多少字、詞、句和認識不同的寫作技巧，更重要的是培養他們對語文的喜愛。筆者從教育的角度，析論中國語文的學與教，將從事十多年語文教育研究的經驗，提出優化語文學習的意見，結集成書，獻給家長、教師和教育工作者。期望本書能啟發大家對語文學與教的思考，懇請專家和讀者不吝指正。

　　“中國語文教育”一詞的應用層面是很廣泛的，可包括學童如何學習中文，教師的教學方法和評估策略，語文教師的素養等。本書分為五章。第一章是有關兒童早期學習語文的要訣，提出文字功用的察覺對幼兒學習的重要，輯錄了《文字功用的察覺與幼兒學習語文的反思》、《個案研究：幼兒繪畫的觀察和分析》、《香港幼兒對“文字功用的察覺”的研究》三篇論文，説明幼兒已有文字功用的察覺能力，這對幼兒學習語文有很大幫助，學校，教師和家長應好好善用它。

　　第二章從教學的角度，探討中國語文教師在教學上遇到的問題和對策，並提出建議。有關小學教學的論文有：《“無為而無不為”的初小中國語文教學》、《香港小學中國語文科童話教學的誤區和建議》、《兒童文學的“共感”在初小語文品德情意教學的應用及意義》和《加入戲劇元素：角色扮演在小學中國語文科的應用》。有關中學教學的論文則有《析論香港文言教學的現況和對策》。近年常談論的文言教學，究竟教師可如何指導學生學習文言文？筆者提出有效的線索提問，“化古為今，古為今用"等教學策略。其他語文教學的課題包括:《淺談小學中國語文有關單元教學的問題》、《浸入式教學 —— 香港小學非華語學童學習中文為第二語言的策略》、《香港語文教師在小班照顧學生個別差異的教學策略調查研究》,這都是近年語文教育的熱話。

第三章以"促進學習的語文評估"為主題。《理念與實踐:香港小學中國語文科教師對語文評估的意見調查》、《促進學習評估:中學中國語文科教師對此認識有多少?》、《"促進學習的評估"在中國語文科實行之我見》是從教師的角度探討"促進學習的評估"的理論。要實踐"促進學習的評估"的理念,教師可幫助學生建立學習檔案、給予回饋,和他們進行同儕互評活動。因此,本章輯錄了三篇學習檔案的論文《"學習檔案"在中國語文學習評估中的特點》、《小學中國語文單元教學與學習檔案的應用》、《建立中文科學習檔案培養學生的自主學習能力》。有關回饋的論文《促進學習的回饋:中國語文科作文評語的運用》,筆者提出幫助教師撰寫評語的方法。至於同儕互評的研究則可參考《香港小學中文科教師對學生同儕互評目的認識與意見調查》一文,了解現時香港教師對此的想法。

第四章的重點是"語文教師的素養"。任何的教學改革都少不了教師的實踐,教師的素養是很重要的,因此本書收錄了《論香港新高中課程中國語文科的特點及對教師專業素養的要求》和《準教師應如何選擇語文教育研究的題目?》兩篇論文。

最後一章結語,是從歷史角度析論中國語文教育的發展,回顧和分析古代和近代語文教育期的特點,期望能借鑒古今,為中國語文教育改革帶來新方向。

第一章
兒童早期的語文學習

文字功用的察覺與幼兒學習語文的反思

　　很多家長認為幼兒學習語文不外是要他們認讀生字，抄寫生字，生字要越深越好，越多越好，因為這表示他們學習能力高，其實這種做法並不恰當。

　　為甚麼香港大部分幼兒沒有抄寫"M"字而能認識英文字母"M"？原因是"M"字乃"麥當奴"快餐店的標記。他們在日常生活中，如看電視廣告、吃漢堡包、開生日會，都常察覺這個符號，久而久之，他們認識"M"字即代表"麥當奴"快餐店 —— 一處吃漢堡包、薯條和舉行生日會的地方。幼兒在日常生活中，其實早已察覺到生活環境中所存在的文字。因此，給幼兒多些機會察覺周遭環境的文字功用，實是幼兒學習語文的重要元素。

文字功用的察覺

　　文字功用的察覺，稱為文字知覺、語文知覺等，其概念源於紐西蘭的克雷（Clay, 1970）。它是指幼兒在日常生活環境中經常接觸的文字（如：商店招牌、電視節目或交通標誌），幼兒可從中領悟到文字的用途。

　　曾有一名幼兒在圖畫紙上畫上巴士站和寫出巴士號碼，並能說出爸媽乘搭不同的巴士到不同的地方。他沒有抄寫和死記巴士號碼，但卻能說出了巴士號碼所代表的路線，這顯示了那位幼兒具備高度的文字察覺，即是從生活經驗察覺文字的功用。幼兒對文字意義的理解比強記文字更重要，其中更蘊含着閱讀能力的發展。克雷教授的研究發現幼兒對文字的察覺可幫助他們在學習閱讀，學得更快、更好。原因是幼兒在環境中察覺文字的過程，很自然便會猜想文字的意思，這種猜想正是從線索中閱讀的重要元素。

　　幼兒天生是擁有察覺能力。幼兒在學習語言過程中一件重要的工作就是發現語言文字在人類生活中所具有的能力，並多方嘗試着運用這能力，以滿足身為在社會一份子的各種個人和社會性需要（李連珠，2006）。幼兒的早期語言使用都是功能性的，也就是說幼兒使用語言是為了達成其生活各種不同的目的(Halliday, 1983)[1]，這正是學習語言的主要動機。

　　有了這個動機，幼兒便會特別注意周圍環境的人物和事物的互動性，在生活周遭的環境中，很自然發展了某些有關文字符號的概念和使用能力（李連珠，2006）[2]，從而逐步掌握了他們生活所需的語言。幼兒在豐富的語文環境中，常自然地進行談話、閱讀和書寫；他們在周遭人們談話中自然地學習說話，從日常交談中發展他們自己的語言規則系統（黃瑞琴，1997）[3]。

　　這套語言規則系統可以是社會上約定俗成的語言文字，也可能是幼兒自創式的符號（Whitmore & Goodman, 1995）。筆者曾邀幼兒畫上日常生話所見的標誌，有一位幼兒畫上在巴士上不准飲食的符號。符號是圓形和中間是一條斜線，與日常生活所見不准飲食的符號相若。這些符號是幼兒在日常生活累積的語言資料庫中取得，但是他的語言資料庫是有限的，當他未能回取所有資料，他便會自己製造符號來表達，所以畫中所見的飲品和蘋果圖案，雖是他獨創，但卻能達意。

　　甚麼是文字的功能？文字不單是符號，更是要運用，才發揮文字的功用。希夫（Heath, 1983）指出人們讀文字的形態可分為下列的功能：

1. 工具的（用來達成日常生活的實際目的，例如街道標誌、門牌、時鐘、電話號碼。）；

2. 社會互動/娛樂的（維持社會的關係，例如問候卡、漫畫、信函）；

1　Halliday (1983).*Learning how to mean*, New York, Elservier North- Holland.

2　李連珠（2006），《全語言教育》，台北，心理出版社，頁 190。

3　黃瑞琴（1997），《幼兒讀寫萌芽課程》，台北，五南圖書出版社，頁 45。

3. 與消息有關的（知道發生的消息，例如傳單）；

4. 幫助記憶（書寫用來提醒，例如行事曆、電話號碼）；

5. 代替口語的訊息（書寫用在當直接口語溝通不可能的時候，例如問候卡、學校缺席記錄）；

6. 財務的（書寫用來記數字，例如表格）。

雖然文字的功能多的是，可惜現時有些學校、教師和家長雖提供了幼兒語文學習的環境和活動，但卻未能協助他們充分發揮對文字功能的察覺，讓幼兒領悟文字的功能，從而誘發閱讀的興趣。

幼兒學習語文的反思

幼兒階段早已開始讀寫萌發的時期，學校、教師和家長都把握時機讓幼兒認識文字在日常生活中的意義和重要性，從而對文字產生興趣，樂於閱讀和運用文字符號與人溝通。以下的問題有助學校、教師和家長對幼兒學習語文的反思。

學校方面

1. 幼稚園的課程是否太商業化？

一般幼稚園常出現 "小學化" 的現象。學校為了順應家長的要求和幫助幼兒過渡小一，將原先在小學才要學的重點加入課程，例如要幼兒抄寫艱深的詞語，這現象是很普遍的。若課程如此不符合幼兒學習的能力及需要，那麼學校怎會有時間創設情境和活動，根據幼兒的興趣，讓幼兒領悟文字的功能？

要建構幼兒的語文課程不在於設計結構嚴明的語文教學活動，而是在創造各式各樣真實使用語言的機會，讓幼兒有機會進行與生活相關的聽說讀寫這些功能性的活動。幼兒語文課程即在創造，促成語言萌發的各種條件，讓幼兒做聽說讀寫能自然發展(李連珠，2006)[4]。因此幼兒語

文課程必須提供幼兒經驗，使他們了解文字在日常生活的用途[5]。例如讓幼兒玩開辦快餐店的遊戲，從中引導幼兒為自己的快餐店取名字、寫招牌、食物名稱和價錢牌，製造收據等來探索不同類型書寫形式。

2. 學校環境有沒有充分運用？

幼稚園常有情境佈置，但是很多只屬於一種擺設。例如在牆上張貼圖片字卡；雖然琳瑯滿目，卻不能蘊含幼兒讀寫萌發所需的社會、心理語言和認知的機能，讀寫萌發需要的情境有其更深層的意義與內涵（黃瑞琴，1997）[6]。其實閱讀和書寫是人類的生活方式，需要落實於當時的行動，才能顯示其意義和功能，所以在教室牆上張貼字卡和規條，應是教師和幼兒互動中共同建構和釐訂的。在建構的過程中，讓幼兒明白文字的作用是提醒大家共同遵守的事項，這樣字卡和規條才顯得更有意義。

教室是充滿文字的環境，然而這是需要幼兒共同參與和創造的。例如讓幼兒記錄當天的天氣，自行簽到、填寫借書號碼和登記各組別已完成的工作等。這些看似幼兒不能自己處理的文字工作，但是他們卻樂於嘗試，假以時日，這種文字工作，將成為他們閱讀和書寫的習慣。

此外，幼稚園應提供廣潤的閱讀環境，利用所有機會、場所，讓兒童感受書面語言，在潛移默化中接近有關書面語言的知識（程瑞榮，2001）。很多人認為幼兒應先學字，然後才會閱讀。其實幼兒在日常生活中常見成人在閱讀，他們很容易模仿成人的行為，從而願意閱讀。若成人能與幼兒一起閱讀，在互動中，幼兒便會不自覺的喜歡閱讀。

教師方面

1. 教師有沒有脫離教的模式？

教師是幼兒學習活動的支持者、合作者和引導者。現時的語文教師

5　李連珠（2006），《全語言教育》，台北，心理出版社，頁 250。

6　黃瑞琴（1997），《幼兒讀寫萌芽課程》，台北，五南圖書出版社，頁 48。

大都忙於設計學習活動，例如分組活動，抄寫生字，填寫工作紙。但是卻忽略了提供幼兒探索文字功用的機會。教師過分重視解說和操練式的習作，反而令幼兒失去學習興趣。因此，教師在設計活動時，應多利用時機令幼兒探求文字的功用，令學習文字對他們來說是有意義和有趣的，這才是設計活動的重點。

2. 教師有沒有隨機教學？

由於課程的緊迫，教師為了完成進度，甚少進行隨機教學。隨機教學能發揮以幼兒為主體的作用，教師宜把握時機，激發幼兒的學習。例如常有幼兒在砌積木後，捨不得將自己的製成品（如小屋、車子等）拆下。這時教師不應勉強學生盡快收拾積木而進行下一個活動。教師可把握時機，請他們在圖紙上畫下製成品，並和他們寫上製成品的名稱，讓幼兒明白圖畫和文字可幫助記錄，他們從記錄中能加深對文字的認識。

又例如認識"醫生"的單元主題，教師設計幼兒活動時大多集中治病的過程，若有幼兒提出為甚麼他沒有診所保健卡就可以看醫生？幼兒的提問正是隨機教學的好時機，教師和幼兒可共同製作自己的保健卡，令幼兒明白以文字填寫表格是用來記錄資料，並了解在日常生活中我們要常常應用文字。

家長方面

家長可不斷地在生活中使用文字，藉此機會與幼兒做親子切磋，幫助他認識文字的功能，家長宜多關注下列問題：

1. 家長有沒有協助幼兒拾取生活環境的文字資料？

日常生活所接觸的事物充滿文字，例如道路標誌、用品包裝、商店招牌等。家長應在日常生活讓幼兒領悟到文字是活的、有意義的、有用的。家長應很自然地使用這種機會，但切記不要用說教語氣來指示，如"這個字你已學過？為甚麼這樣快忘記了？"之類的話語應避免。

2. 家長有沒有和幼兒進行功能性的閱讀？

　　家長是幼兒的典範，故家長應以身作則引導幼兒喜歡閱讀文字，幼兒在耳濡目染之下，自然引起他們閱讀的興趣。若家長常和幼兒進行功能性的閱讀，他們便會樂於閱讀文字，明白文字在生活中的意義。例如要教幼兒認識“果凍”這個詞語並不困難，家長可利用實物和圖片引起他們的興趣。家長也可以根據“果凍”包裝紙上的說明書，和幼兒一起閱讀並依說明製造“果凍”，這就是功能性的閱讀。若家長和幼兒看不清楚說明書所列的份量，便是不能製造好吃的“果凍”。幼兒從製造“果凍”活動中領會到閱讀文字的重要性。

總結

　　要發揮幼兒察覺文字的功用，學校、教師和家長必須注意以下各點：

- 學校方面要一切從課程開始；
- 教師方面要一切從反思開始；
- 家長方面要一切從生活開始。

　　要幼兒常常接觸文字，並不是單要他們認識文字，運用文字，更重要的是要他們了解文字的用途，察覺到文字是有音義和有功用的。當他們親身發現和體驗到使用文字的作用，明白文字在日常生活的重要性，便能燃起了他們內心對文字和書本的興趣。同時教師和家長可提供幼兒資料和環境，給他們多觀察、多閱讀和多交談，幼兒便能有效地察覺文字的功能。要是家長和教師多和他們溝通和互動，幼兒更能從察覺中領悟到語言的規則、變化和結構，這對他們讀寫萌發有很大的幫助。

參考書目

程瑞榮（2001）閱讀教學的原則和要求，《山東教育》，6，27。

黃瑞琴（1997）《幼兒讀寫萌芽課程》，台北：五南圖書出版社。

李連珠（2006）《全語言教育》，台北：心理出版社。

Clay, M. (1970). An increasing effect of disorientation on the discrimination of print: A developmental study. *Journal of Experimental Child Psychology*, 9(3), 297-306.

Heath, S. B. (1983). *Ways with words: Language, life, and work in communication and classrooms*. Cambridge: Cambridge University Press.

Halliday, M. A. K. (1983). *Learning how to mean*, New York: Elservier North- Holland.

Whitmore, K., &Goodman, Y. (1995).Transforming curriculum in language and literacy. *Reading Potentials: Transforming Early Childhood Curriculum*, II, 145-166.

（轉載自廖佩莉（2007）：文字功用的察覺與幼兒學習語文的反思，《香港幼兒學報》，6(1)，頁 54-57。 ）

個案研習：幼兒繪畫的觀察和分析

　　去年，我探訪一所幼稚園，跟幾名小朋友一起畫圖畫。我發現其中一名小朋友畫的圖畫很特別，他的名字叫俊俊，是名五歲的小男生，就讀幼稚園高班。這是我們第一次見面，我們談得很愉快。以下是俊俊在繪畫過程中和我的一些對話。

一、繪畫過程

　　首先我派發各小朋友幾張圖畫紙，鼓勵他們在紙上畫一些想畫的東西，不一會，只見俊俊畫了輛巴士，並在車門外寫上 A11（見圖一）：

圖一

佩莉：你在巴士門外寫上甚麼？

俊俊：（神氣地）A11。

佩莉：A11 是甚麼意思？

俊俊：A11 是我乘搭的巴士，它由我家到回學校啊！

我看看另一幅，原來又是畫上一輛巴士（見圖二）：

圖二

佩莉：你又在巴士門外寫上甚麼？

俊俊：九巴。

佩莉：九巴是指甚麼？

俊俊：巴士公司，是媽媽說的。

佩莉：是媽媽教你寫的嗎？

俊俊：不是啊！我自己寫的。

佩莉：圖畫中有很多巴士站，你喜歡巴士站？

俊俊：（興奮地）是，巴士站上有很多文字。有 13X、1A、18……

佩莉：為甚麼要寫上這些文字？

俊俊：（滔滔不絕地）13X 是媽媽上班搭的巴士，1A 是婆婆帶我回
　　　校搭的巴士，18 是到……

佩莉：（指着符號）這個很特別，是甚麼？

俊俊：巴士上不能飲食，這幅圖表示我們不能在巴士上吃東西……

俊俊又畫了長長的車卡，他告訴我他很喜歡地鐵。

俊俊：地鐵是有廣播的。

佩莉：是的，你知不知道廣播説些甚麼？

俊俊：（高興地，用小拳頭當咪）嘟嘟……　嘟嘟……請勿靠近車門，Mind the door please... Keep clear of the door. 下一站是樂富，Next station is Lok Fu... 下一站是黃大仙，Next station is Wong Tai Sin... 下一站下車是……

二、觀察分析

1. 為甚麼俊俊會留意巴士站和巴士上的文字？

俊俊留意巴士上的文字是因為他對巴士感到興趣，他常乘搭巴士，所以就算巴士上一些不當眼的文字，例如 "九巴"，他也能察覺到。雖然教師和家長沒有教導他認識這些文字，但他也懂得寫出來。

至於巴士號數和巴士站上的數目字，他不但懂得寫，而且懂得這些數目字是代表不同的巴士路線，乘搭不同號碼的巴士便會到達不同的地方。俊俊能在生活環境中察覺文字的功用，表示他具有高度文字功用的察覺能力。

文字功用的察覺，稱為文字知覺或語文知覺，其概念源於紐西蘭的克雷（Clay, 2005）。她指出幼兒在日常生活環境中經常接觸的文字（如：電視節目、路牌、招牌），從而領悟到文字的作用。當幼兒注意環境中的文字，他們不自覺地運用生活經驗去推想這些文字的意思，這正是他們閱讀的萌發期。吳敏而（1994）建議應加強幼兒文字察覺的隨機學習機會。

2. 為甚麼俊俊能自創巴士上不准飲食的符號（見圖二）？

俊俊畫的符號很特別，它有既定的規範，圓圈內加橫線表示 "不准" 的意思，例如 "不准吸煙" 和 "不准進入" 等標誌也有類似的符號。但俊俊卻並未能記起細緻的圖案，所以他根據 "不准飲食" 的意思，加上自己的理解，畫上了蘋果和紙包飲品，一是食物，一是飲品，這正符合 "飲" 和 "食" 的意思。我不得不佩服他的創意！

Clay（2005）指出兒童通過大腦接收某些信息、處理某些信息、尋找相同和不同，建立複雜的處理系統。俊俊能記憶相同的符號，就是"不准"的符號，其他忘記的便根據自己的意思來設計。

俊俊自創的符號是一種書寫的行為。李連珠（2006）認為幼兒的書寫並不一定使用傳統文字，有的可能是自創的文字或各種符號。俊俊的行為，正顯示他已懂得使用書面的方式來表達訊息。俊俊畫的符號，早已是他從日常生活中觀察文字符號所獲得，他甚至能將它們加以變化。

3.　為甚麼俊俊能操中英文雙語告訴我有關地鐵的廣播？

俊俊畫地鐵車卡時，不時模仿職員的廣播，他可以一字不漏地說出"嘟嘟……嘟嘟……請勿靠近車門"等中英文句子，雖然部分發音並不純正，但俊俊在日常生話中已無意中學習了語言，包括擬聲、複述的說話能力。更重要的是俊俊明白這些句子是傳遞給乘客的訊息，他很自然地懂得轉換地鐵站的名稱，就是提醒乘客下車的地點。幼兒學習的動機是來自要認識和探索所處環境。當俊俊處身地鐵環境，他能夠輕而易舉地學到廣播員所說的話，因為他察覺到與環境相關的語言和它們的功用。環境的察覺對幼兒語言發展是很重要的。假如一個小孩從未乘搭過地鐵，他怎會說出俊俊模仿廣播員的用語？

值得注意的是，俊俊原本是說"下一站是……"後來他改變了句子結構，說成"下一站下車是……"他說的與原本地鐵的廣播略有分別，甚至不合符語法。但幼兒確實有這種擴展語言的能力，正如克雷教授指出幼兒能靈活有彈性的將已能掌握的語言結構擴展到新結構。

三、反思

以上的觀察畢竟只是一名小朋友的表現，分析並不夠全面。但在俊俊的繪畫過程中，確實顯示了他受了文字和語言的刺激，不自覺地運用了環境中的語言文字，他具備高度的文字、符號和語言察覺的能力。更重要的是他從生活經驗裏洞識到文字和語言具有傳遞訊息，與人溝通的功用。

　　幼兒對文字意義的理解比強記文字更重要。可惜很多家長和教師誤以為幼兒能懂得寫的字越多越好，以顯示他們的語文能力較高，要他們強記文字和筆順。其實識字並不一定要用寫字來訓練的！

　　家長和教師不應過分重視給幼兒練習寫字。他們應從學習語文的大方向着眼：創設和善用生活環境，培養幼兒對文字察覺的能力，引發他們學習語文的興趣。原因有二：一是環境文字和語言是幼兒學習語文的開始。當幼兒知道文字和語言在生活中的意義時，他們便樂於應用，以應付生活上的需要，這是幼兒內在的學習動機。二是幼兒從生活環境累積了豐富的詞彙，有助他們日後讀寫的萌發。

　　家長和教師應協助幼兒拾取環境中的資料。首先家長和教師應以身作則，常運用語言文字，使幼兒明白語文的實用性，從而使用語言文字。成人可常用文字記下訊息，例如成人可用筆紙記下別人的電話號碼方便日後聯絡、寫下便條、在月曆寫下重要事情等。成人應常閱讀書本、報章、月結單、罐頭上列印的食物限期。凡此種種行為，已能幫助幼兒在日常生活中察覺文字的功用和引起他們對文字的興趣。

　　其次家長和教師應給幼兒多接觸不同的環境，豐富他們的語言經驗。成人可與幼兒常到不同的地方，處身不同環境，給他們察覺文字和語言的機會，但切勿要求幼兒在環境中強記一些字詞，強迫他們對文字生吞活剝。我曾見過一位家長要幼兒讀出餐牌上“蝦餃”的英文名稱，但幼兒只想吃“蝦餃”，極不願意讀出“蝦餃”一詞，於是家長懲罰他沒有“蝦餃”吃，結果幼兒大哭一場。這種揠苗助長的做法，不但對幼兒的學習沒有幫助，反而窒礙了他們對學習的興趣。所以不論在家或在學校，我們都應好好善用幼兒對文字和語言功用的察覺能力，不應過尤不及。

參考資料

李連珠（2006）《全語言教育》，台灣：心理出版社。

吳敏而（1994）文字書本概念與閱讀能力的關係，《國民小學國語教材研究》，3，47-59。

Clay, M.M. (2005). Literacy lessons, part I, *designed for individuals*, Auckland: Heinemann.

轉載自：Liu, P. L. (2009). Case study: Observation and analysis of a child's drawing. *House of Tomorrow*, 17 (1), 1-7.（個案研習：幼兒繪畫的觀察和分析）

香港幼兒對 "文字功用察覺" 的研究

一、提出問題

如何幫助幼兒進行早期閱讀？很多家長認為早期閱讀只是為幼兒提前認字和識字，其實這是一個誤區（李莉，2011；王瓊瓊，2013）。早期閱讀是指幼兒從口頭語言向書面語言的前期閱讀準備和前期書寫準備，包括讓幼兒知道圖書和文字的功用（王浩，2011）。其中幼兒對"文字功用的察覺"是很重要的，有助他們閱讀，但卻是很多家長和教師容易忽視的一個課題。

所謂"文字功用的察覺"，也可稱為"文字知覺"、"語文知覺"等，其概念源於紐西蘭的克雷（M.Clay）。它是指幼兒在日常生活環境中經常接觸的文字和符號（如：商店招牌、交通標誌），生活中的環境文字對幼兒的學習是很重要的。幼兒可從環境文字中領悟到文字的作用。當幼兒日漸長大，會留意周遭環境的文字、符號和人物語言。他們發現語言和文字在人類生活環境中的重要性，於是便不自覺地探究它們的意思。

幼兒的早期語言使用都是功能性的，即是説幼兒使用語言和文字是為了達成其生活各種不同的目的（Halliday，1983），這正是學習語言的主要動機。有了這個動機，幼兒會特別注意在生活周遭的環境，很自然發展了某些有關文字符號的概念和使用能力（李連珠，2006）從而逐步掌握了他們生活所需的語言，漸漸地幼兒能從環境中瞭解到為甚麼要應用文字（李連珠，2006），他們必須從文字中獲得訊息，才能應付日常生活。

很多西方研究（Cronin, 1999；Fingon, 2005；Prior, 2004）認為具有

"文字功用的察覺"的幼兒，日後在閱讀上的進步是較快的。究竟"文字功用的察覺"源於西方概念，是否能應用在中國幼兒身上呢？所以本研究的問題是，現時香港四歲至六歲的幼兒能否有"文字功用的察覺"的能力呢？

二、研究方法與步驟

研究物件

本研究的對象取自三所不同幼稚園的幼兒，資料如下：

甲幼稚園（高班，低班各一班）高班 27 人，低班 27 人；

乙幼稚園（高班，低班各一班）高班 25 人，低班 25 人；

丙幼稚園（高班，低班各一班）高班 21 人，低班 20 人。全部可供分析資料的人數共 145 人。男生佔 72 人；女生佔 73 人。高班平均年齡是 5.5 歲，低班平均年齡是 3.4 歲。

研究方法和工具

本研究是根據 Lomax 和 McGee（1984）與吳敏而和黃琪芬（1987）等兩項研究方法來進行。本研究首先給兒童十一種生活常見的物件，然後請他們辨認這些物品和指出用途。研究員預先準備兩套物件，每套有十一件兒童常見的事物，分別放在 A 袋和 B 袋。袋內的物件是經過研究小組成員詳細討論，而所擺放的物件與台灣吳敏而和黃琪芬的研究是不相同的，性質卻相似。物件是在香港周遭環境容易見到的。A 袋和 B 袋內的物件性質相若，只是牌子或名稱不同而已。研究員先隨意選定一套資料，然後請小朋友看十一種實物，分別是月曆、書、道路指標、賀卡、表格、點心記錄卡、地圖、報紙、報紙廣告、超級市場單據、宣傳單張。A 袋和 B 袋輪流使用。

研究過程

研究是在 2013 年 1 月至 5 月進行。訪問員是 6 位準教師，均經培訓，並在新界某幼稚園作訪問預試。訪問員將受試者（即幼兒）帶到安靜的教室,請他們看其中一袋物品,袋內物品是逐一給他們看。其中一半受試者是由第一種被問到第十一種,其餘一半受試者是由第十一種被問到第一種。受試者每看一種物件,訪問者均訪問受試者以下的問題:

1. 這是甚麼東西?

2. 如果受試者答對了,則會問"這東西可以用來做甚麼?"如果受試者答錯了或沒回答,訪問員可告訴受試者東西的正確名稱,再續問"這東西可以用來做甚麼?"

3. 如果受試者對物品用途答不出來,訪問員可就物品的特徵給予引導。例如"你家有沒有這東西?"或"你看過這東西嗎?在哪裏看到的?它用來做甚麼?"等,請受試者深入思考這物品的用途。

4. 最後再問受試者"如果沒有這東西會怎麼樣?"

所有訪問即場錄音,由兩位訪問員評分,如評分有爭議,則再聽錄音,將資料整理謄寫後,再由訪問員商議評分。

評分標準

評分標準如下:

1. 能說出文字的用途者可得 2 分。

2. 能說出該物件有關文字的使用方法者可得 1 分。

3. 錯誤者或沒有回答者得 0 分。

4. 滿分是 22 分。

受試者的得分與典型答案見表一:

表一　日常生活文字用途測驗的典型答案與得分

項目	典型答案
月曆	2 分:月曆,記錄日子。 1 分:圈上弟弟的生日。
書	2 分:書。閱讀,看圖畫。 1 分:可以逐頁翻來看。

道路指標	2 分：道標是用來指出方向，我們可知道應往哪裏去。 1 分：指示牌。
賀卡	2 分：賀卡是為人祝賀。 1 分：寫上 "生日快樂"。
表格	2 分：用來填寫資料。 1 分：媽媽參加抽獎時用的。
點心記錄卡	2 分：點心卡是上茶樓吃點心時印下的記號。 1 分：付賬用的。
地圖	2 分：地圖是用來找地方。 1 分：爸爸駛車時有時會看的小書。
報紙	2 分：用來閱讀，看新聞。 1 分：告訴我們一些東西。
報紙廣告	2 分：報紙廣告讓人知道新產品。 1 分：賣超市貨品的廣告。
超級市場單據	2 分：單據，記錄在超級市場已買下的東西，付款用的。 1 分：買完東西的單據。
宣傳單張	2 分：單張是讓人知道一些產品。 1 分：報名用的。

三、研究結果及分析

　　為了加強兩位評分員評分的信度，研究由二位評分員根據上述的評分標準予以評分，然後再看兩者在評分上是否達到一致的看法。就表二所見，十一個項目的一致性係數皆達 92 以上，因此二者評分標準的一致性極高。

表二　二位評分者各項評分的一致性係數

項目	月曆	書	道路 指標	賀卡	表格	點心記 錄卡	地圖	報紙	報紙 廣告	超級市 場單據	宣傳 單張
係數	98.7	94.3	96.5	94.8	95.3	92.3	98.8	95.4	98.9	96.6	94.7

　　表三是 145 名受試者各項的平均分（平均二位評分者的評分，就是

每一個受試者的各項得分）。在十一種實物的得分中，除了表格的得分全是 0.95 之外，其他項目的得分全是 1.2 以上，表示兒童已了解這些實物所傳達訊息。很多兒童辨認到這些物品和指出相應的用途。其中以賀卡最為熟悉，獲得很高平均分（1.59），因為他們在生日會上收到生日卡。

至於其他常見的實物所傳達的訊息，例如月曆、書、地圖、道路指標、點心記錄卡、報紙廣告、超級市場單據、宣傳單張等的得分也超過 1.2。但表格得分則較低（0.95），表示他們較少接觸，也有可能他們需要填的表格時，都是由父母和教師代勞。

表三　各受試者的各項的平均分

項目	月曆	書	道路指標	賀卡	表格	點心記錄卡	地圖	報紙	報紙廣告	超級市場單據	宣傳單張
平均得分	1.50	1.36	1.47	1.59	0.95	1.50	1.36	1.52	1.26	1.53	1.49

本研究發現香港四至六歲的幼兒對環境用字的認識不錯，也具有文字功用察覺的能力，這與西方的研究發現相若。學前階段正是幼兒大量吸收文字知識的時候，他們很注意周遭環境所見到的文字，也明白環境文字所傳達的訊息和功能。隨着社會環境的變化，幼兒的生活接觸面很廣泛，香港兒童喜歡看電視的廣告，無形中加強兒童對周遭環境的認識。同時他們有很多機會外出，認識不同類型道路指標，和家人一起出外購物、到超級市場和上茶樓等，會接觸不同的宣傳單張、點心記錄卡和單據，這都有助他們認識日常生活環境所用的文字和所傳達的訊息和功用。

雖然本研究發現香港幼兒具有文字功用察覺的能力，但令人擔心的是，幼兒對於一些不熟悉的物件，例如在研究員給幼兒一張申請報讀興趣班的表格，很多幼兒立刻回答不知道它有甚麼用途，他們沒有嘗試從表格中的圖案和文字推測它的功能，他們依賴父母和教師填寫表格，所以他們察覺文字的能力不算很強。其實，教師和家長可強化與幼兒的互動，讓他們進一步認識文字的功用。例如家長和幼兒一起填寫申請報讀興趣班的表格時，家長可和他們一起交談。交談內容可以提問他們的姓名、年齡、地址、興趣，表格上的小圖案（游泳姿勢的圖畫）顯示了興趣班教授的內容，家長可請幼兒留意有沒有拿錯表格等。幼兒的生活不脫離文字，家長和教師可多和幼兒交談，深化他們對環境文字的察覺，增加他們對文字的學習的興趣。

但值得深思的是，現時科技進步，一部平板電腦和手提電話有很多功能，當中有記事簿、月曆和地圖等。若果家長和教師只知道獨自用電腦和電話手機，其實可能是剝奪幼兒學習察覺文字功用的機會。試問幼兒只見到父母和教師在平板電腦或手機操作或撥弄一下，又怎能明白是他們要用文字記錄訊息，從而察覺文字的功用呢？

四、建議

本研究發現香港四至六歲的兒童對環境上用字的認識是不錯的，學校，教師和家長有沒有再進一步善用這些環境文字，強化幼兒的互動學習，從而深化幼兒對文字察覺的能力呢？以下是一些建議：

學校方面：善用環境文字

學校方面，應該善用環境文字，課室四周佈置很多日常生活環境中常見到的文字和符號，配合相關的遊戲和活動，加強兒童對周遭環境文字的察覺能力。例如教師可以在幼兒一起寫標籤，讓他們商量和討論寫甚麼字，然後協助教師把標籤貼妥。這種參與，使幼兒明白標籤的用途，並明白文字的內容是隨着他們的意思而產生的。這種做法比較適用初入讀幼稚園低班的兒童，因為他們能從日常生活熟悉的標記和文字中學習，他們會容易投入學習，增加他們的興趣。同時課程方面，可配合已有的單元，加入環境用字。例如單元是"感冒了"，可鼓勵兒童填寫醫療卡的個人資料，多運用文字，或是和他們一起閱讀藥丸盒上的指示，使他們認識文字的功用。

教師方面：活化教學

教師宜從活動中加入環境用字，例如設計配對遊戲，看圖猜字詞等。教師的設計可多注意與兒童的互動，例如教師和兒童共同設計課堂規則，說明兒童吃茶點前要注意的事項，然後張貼在茶點桌上，目的是讓兒童明白環境文字的作用。文字是很有用途的，是用來提醒幼兒字遵守的規則，同時也可加強他們對周遭環境文字的認識。

家長方面：強化親子互動

家長可在有意無意間運用日常環境所見的文字，創設隨機語言環境，吸引兒童察覺周遭的文字，他們便樂於探究它們的功用。家長可有意地請兒童留意返家途中的四周事物，例如招牌，街道名，路牌、甚至是公共汽車上的電子牌（寫上下一站的名稱）等，可和幼兒一起玩遊戲，例如猜路牌，數招牌，看餐單猜食譜，這都能夠培養他們對文字察覺的能力。家長也可以無意地進行環境閱讀，例如和子女一起閱讀大廈通告，罐頭上的招紙，宣傳單紙等；也可以和他們一起填寫申請表格，一起在手提電話的行事曆記下重要的日子和事項，這都可提供兒童接觸文字的機會，鼓勵他們探究文字的意思，從而認識更多文字和明白它們的功用。

本研究是一個預試，測試項目只有十一題，有其局限性，研究並未能涵蓋所有生活中物件。研究發現香港幼兒對周遭環物品的字詞認識已不錯，建議未來的研究可探討幼兒既有這方面的能力，是否有助他們升讀小一時閱讀能力的發展。

參考文獻

1. 李莉（2011）全閱讀教育理念與兒童早期閱讀，《學前教育研究》，194，67-69。

2. 李連珠（2006）《全語言教育》，台北：心理出版社。

3. 王瓊瓊（2013）如何引導幼兒早期閱讀？《南昌教育學報》，28(1)，137-138。

4. 王浩（2011）幼兒早期閱讀的誤區及對策，《大舞台》，7，213-214。

5. 吳敏而，黃琪芬（1987），幼兒對文字用途的認識，《國語科教材教法研究》，台北：台灣省國民學校教師研習會編印。

6. Cronin, V., Farrell, D., and Delaney, M. (1999) Environmental print and word reading. *Journal of Research in Reading*, 22, 271-282.

7. Fingon, J.C. (2005) The Words That Surround Us, *Teaching Pre-K-8*, 35(8), 54-55.

8. Halliday, M.A.K. (1983) Learning how to mean, New York: Elservier North- Holland.

9. Lomax. R. and McGee, L.(1984) Toward a model of word reading acquisition. Paper p resented at the American Educational Research Association Annual meeting.

10. Prior, J. and Gerard, M.R. (2004). Environmental Print in the Classroom, Newark, DE: International Reading Association.

第二章
中國語文教學

"無為而無不為"的初小中國語文教學

引言

　　初小階段是學習語文的黃金時期，也是引起學生對語文學習產生興趣的時機。可是現時小學生面對的壓力可不少，要應付沉重的功課。而課改強調閱讀和寫作的重要性，於是無論高年級或是低年級的學生，教師都認為應多指導學生閱讀的策略，遂不斷給他們大量的讀寫練習。其實對於一班初小學生，給他們這麼多的練習，是否真的能加強他們的語文能力？他們會否因為要做大量練習而失去學習語文的興趣？很多教師都抱着為學生好的心態而進行"有為"的教學？大量準備練習，設計工作紙等。其實教師有沒有想過"無為而無不為"的教學策略呢？

　　所謂"無為"是指教師不會主導教學，教師不會純粹講授課文內容、生字、閱讀策略和設計操練式的練習，而是創設環境給學生學習，以"學生為中心"引發他們學習語文的興趣，以達到"無所不為"的地步。李連珠（2006）認為要建構兒童的語文學習即在創造，促成語言萌發的各種條件，讓他們的聽說讀寫能力自然發展。[1] 學生在潛移默化的環境下，漸漸建立起他們學習語文的基礎。然而教師可應怎樣創造語文學習的環境？

閱讀在於興趣

　　教師要創造語文學習的環境，必先培養學生的閱讀興趣和氣氛。教師須要推薦好書給學生，使他們愛上閱讀，養成喜愛閱讀的習慣。初小

1　李連珠. 全語言教育，台北，心理出版社，2006，頁 223。

學生特別喜歡閱讀圖畫故事，教師可引領學生看書中的圖片，讓學生學習領會文字與書意關係。教師須培養學生每天閱讀的習慣，誠如語文教育家呂叔湘先生所指閱讀是一種習慣。學生能夠多閱讀，語文能力自然會進步，這就是所謂"無所不為"。

為了增加閱讀的趣味，教師不一定要教授書本的內容和字詞，他們可設計小組閱讀，令兒童在閱讀過程中產生互動，提升閱讀的樂趣。兒童在早期閱讀只會跳讀，讀出他們認得的字。如果教師過於強調孤立地教字彙，常會阻礙兒童的閱讀過程。[2] 若教師在小組中加以引導，配合圖畫和上文下理，由兒童推測詞義，[3] 使能增加學生閱讀的好奇心和成功感。學生有了這份好奇心和成功感，他們會愛上閱讀。有了閱讀的基礎，要推展語文學習便不會困難。

語感的培養在於朗讀

教師可從學生已閱讀的書籍，抽取有趣部分和他們一起朗讀，目的不是要他們唸默，記憶文意；而是培養他們欣賞語文的能力。朗讀是分享作者的意念，教師只需和學生投入朗讀，學生便能領略作品的深層意思！朗讀能激發學生內心的感動，在不知不覺中培育他們的語感。如果學生熟讀成誦，逐漸形成基礎語感後，讀書通順，說話流利，寫作流暢就不是難事了。[4]

說話和聆聽在於互動

朗讀後，教師可和學生討論書本的內容，在討論的過程中，便會產生說話和聆聽的互動作用。近代有關語文發展的研究顯示，兒童學習語言是發展式的，他們在豐富的語文環境中，常自然地進行談話、閱讀和

2　黃瑞琴.幼兒讀寫萌芽課程，臺北，五南圖書出版社，頁45。
3　黃瑞琴.幼兒讀寫萌芽課程，臺北，五南圖書出版社，頁17。
4　江平.芻議義務教書中的語感培養，語文建設，2006第二期，頁34。

書寫的經驗；兒童在周遭人們談話中自然地學習說話，從日常交談中發展他們自己的語言規則系統。[5]

語文教育家呂叔湘先生認為語文教學從口語訓練入手是順乎自然，事半而功倍。先有語後有文，語是文的基礎，文是語的提高，二者有明顯差異而又互相滲透，這是人類語言起源和發展的規律，當然也是人們學習一種語文的過程。[6] 因此，教師和學生進行閱讀後的討論，可從中訓練學生的說話和聆聽能力，作為寫作前的熱身。

寫作在於創設寫話的情境

閱讀後的討論往往是創設寫話的好時機，例如小組改寫故事，續作故事，寫信給主角。每小組的學生可用接力方式每人說一句或一小段，教師將學生口述的句子寫在黑板上。寫話的目的是讓他們開開心心說出來，然後再寫下來，讓全班同學學習規範化書面語的表達樣式。教師不一定要在黑板上完成整個故事，可寫了一半，讓學生續寫未完的部分。這種寫作方式是以學生為本位的教學模式。

教師不必一定為學生解說寫作大綱和每段大意，他們只要和學生在互動中把學生腦子裏所想的東西，要說的話，好好地組織起來。其實在寫作過程中，學生最感困難的是將話語轉化為書面語。要把口頭語言轉化為書面語，需要一種工具，這工具就是文字。[7] 教師在學生的寫作過程中雖然沒有教授知識，但卻能夠幫助學生利用文字表達自己的想法。在寫話的過程中，學生已有意無意地學習了書面語。

創作可作閱讀材料

學生在寫話課中完成的作品，教師可選取佳作，給予全班閱讀，目

5　黃瑞琴 . 幼兒讀寫萌芽課程，臺北，五南圖書出版社，1997，頁 45。

6　鄒賢敏、王晨 . 重讀呂叔湘 . 走進新課程，2003，頁 3 至頁 4。

7　鄒賢敏、王晨 . 重讀呂叔湘 . 走進新課程，2003，頁 39。

的是表揚和鼓勵表現良好的學生。學生看到自己和同學的作品，都會很喜歡朗讀和閱讀。這些閱讀材料，能符合學生的興趣和能力，因為這是他們自己的創作，植根於他們的意念和口語中，這確能引起他們學習語文的興趣。

總結

初小的語文教學應在教師的潛移默化下培養學生的閱讀習慣和興趣，加強朗讀，創設寫話的情境。教師宜綜合聽說讀寫等多項有趣的語文活動，培養他們喜歡閱讀和主動學習的習慣。學生的語文基礎便慢慢地建立起來，從而達到"無不為"的境地。相反地，若教師在初小階段，便給予學生操練式的練習，徒增壓力，弄致揠苗助長，會使學生害怕學習語文，對日後的學習帶來負面的影響。

參考文獻

黃瑞琴（1997）《幼兒讀寫萌芽課程》，臺北：五南圖書出版社。

江平（2006）芻議義務教書中的語感培養，《語文建設》，第二期，34。

李連珠（2006）《全語言教育》，臺北：心理出版社。

鄒賢敏、王晨（2003）《重讀呂叔湘‧走進新課程》，湖北：湖北教育。

轉載自：廖佩莉（2008）："無為而無不為"的初小中國語文教學，《現代教育通訊》，85，頁 34-36。

香港小學中國語文科童話教學的誤區和建議

1. 引言

　　兒童喜歡童話故事，因它那生動、虛幻和有趣的情節，陪伴他們一起成長。國內視童話為小學階段常見的一種文學體裁（王黎 2011）。香港課程發展議會（2008）建議將童話列入中國語文科閱讀範疇，鼓勵兒童閱讀。可見童話是小學中國語文科課程的重要教材，童話教學遂成為小學語文教學重要的一環。但是現時很多教師在指導學生學習童話時，教法往往與記敍文和寓言教學相同，未能教出"童話味"。所謂"童話味"是教師應具備兒童的情懷，根據童話的特點，引導學生盡情地表達自己的情感，幫助兒童發揮想像力，和他們一起走進童話世界，讓他們獲得如遊戲般快樂的體驗（洪海鷹 2012）。本文先分析童話的特點和兒童心智發展的關係，然後討論香港童話教學的誤區，最後提出一些建議，選取部分現今教科書所用的童話篇章（見附件一）和經典的童話故事（見附件二）作例證，希望能提升童話教學的素質。

2. 童話的特點與兒童的心智發展

　　童話是一種美妙、神奇、幻想的虛構故事，它擺脫時空的束縛，將平凡的真實世界幻化為美麗的、超現實的境界，為兒童帶來無限的驚喜和愉悅（陳笑 2012 ）。究竟童話有甚麼特點呢？台灣兒童文學學者管家琪（2011）從讀者的角度指出童話有十項的"關鍵元素"，包括："想像力非常飽滿、誇張、幽默、滑稽、陰錯陽差、機智、勇敢、能夠引起共鳴、能給人溫暖或鼓勵、能使人深受感動，掩卷難忘"。前五項以"想像力非常飽滿"最為重要，誇張、幽默、滑稽、陰錯陽差等描寫手法和橋段都是為了表達作者富有想像力和創造力的內容；後五項是能感染兒童，兒童從童話中認識"機智、勇敢"等故事，啟發智慧。故事又可以帶給他們溫暖，令他們深受感動。因此，童話的特點大可歸結為兩項：一是童話具豐富的想像力；二是童話能讓兒童受到情感和審美的薰陶。這兩項特點與兒童的心智發展有密切的關係，茲析論如下：

2.1 童話具豐富的想像力，符合兒童的心理發展

　　豐富的想像力是童話的核心，也是童話的靈魂。童話借助想像和幻想，把許多人物、事物、景物、錯綜複雜地編織在一起，構成一個個奇妙的、超乎現實的故事。為了增加趣味性，作者把幻想和現實、時間和空間、人間和仙境融為一體（韋宏 2005），使兒童話進入了夢幻的境界。童話中描寫的情節和成功的人物全依賴作者的聯想力和想像力，沒有了豐富的想像就沒有童話（王志鵬 2005）。故事給予兒童無窮的創作和想像空間（Flack 1997），這與兒童心理發展的特徵互相吻合。

　　從心理學的角度說，兒童個性天真活潑，好奇心重，具有豐富的想像能力，而童話作品中豐富的想像，能滿足了他們強烈的好奇心和旺盛的求知慾。李幼穗（1998）更指出兒童在小學階段，"有意性"的想像得到迅速的發展。所謂"有意性"是指有意識的想像活動。作者運用了活潑的語言來描寫生動的人物和講述故事，兒童在閱讀童話過程中，他們能有意識地發揮想像力，在腦海中活現人物的形象和故事的情節。

　　值得注意是，大多數童話故事的作者都善用擬人法和誇張法，他們通過幻想把動植物和沒有生命的物體擬人化，使其具有人的思想感情，會說話、會思想、會行動。運用這寫作手法的目的是一方面可令這些故事人物具有人的某種性格特徵，另一方面，它們又具有其自身的內在特性（汪潮 2012）。例如《小蝌蚪找媽媽》，小蝌蚪能游泳，外形是頭大尾長，有着蝌蚪的特性，但卻有着小朋友的個性，有時不喜歡跟着大人走，但一旦走失了，心中卻很彷徨，這正是兒童心理的寫照。雖然很多童話的主角不是兒童，但是卻具有兒童心理的特質，為兒童喜愛。

2.2 童話可讓兒童得到愉悦，受到情感和審美的薰陶，有助發展兒童的思維

就兒童思維發展來說，童年期是兒童思維、想像、情感和語言都處於迅速發展階段，思維形式處於重要轉化過程之中，他們漸漸從具體形象思維過渡到抽象思維。兒童在小學階段的抽象思維很大程度上，仍然直接與感性經驗相聯繫（李幼穗 1998）。兒童可從童話故事中獲得一些別人的具體經驗，例如童話中神奇人物的性格和遭遇，蘊含着深刻的哲理與智慧（抽象思維），自然容易引起兒童強烈的興趣，對其抽象思維的發展產生重要影響（孫建龍 2002）。

童話能把一些抽象的理念（例如勇敢和機智）說得具體和生動，使兒童樂於接受（韋宏 2005）和學習，對兒童日後情感思維的發展有很大的幫助。童話常常在自由和豐富的想像中，以簡單的語言塑造善惡的形象，這些形象往往是真、善、美或假、惡、醜的化身。例如心地善良的白雪公主和心腸狠毒的巫婆，兒童都喜愛善良的公主，討厭惡毒的巫婆。童話正是以此抒發着人類對美好生活和崇高信念的追求。教師應善於運用童話中的情感因素，引導兒童在閱讀欣賞過程中感到愉快，讓兒童獲得更多的美感體驗，在潛移默化中培養兒童健康向上的心理情感（孫建龍 2002），這種體驗也是人類經驗的探索（Flack 1997）。童話中反映對人生美好的期盼，正好貼近孩子們的夢境和純潔的心靈，為他們的童年帶來歡樂。兒童隨着年齡的增長、閱歷也豐富了，這種植根於童話"向善、厭惡"的審美意識將會逐漸明朗，直至兒童長大成人，童話將為他們在心靈中仍保持一份童年的純真，以及對真、善、美永恆的追求（倪潛梅 2006）。童話能讓兒童從閱讀中理解世間許多美好的事物，令他們深受故事的薰陶，這有助培養兒童高尚的情操。Wolf（1997）甚至指出童話故事能幫助他們思考和提升解決問題的能力。

3. 童話教學的誤區

既然童話對兒童心智發展這麼重要，教師應好好運用童話，幫助學

生學習。但是筆者任教教師在職培訓課程多年，發現教師未能充分掌握童話的特點來施教，下列是現時童話教學的一些誤區：

3.1 誤區一：童話教學與記敍文教學目的相同

有的語文教師把童話教學等同於一般的記敍文教學，犯了童話教學的大忌（丁春青 2012）。一般記敍文的教學目的是讓學生理解童話的內容和主旨，認識篇章的字、詞、句章法之類的語文知識。同時讓學生認識記敍文的“六何”元素（何時、何地、何人、何事、為何、如何）和寫作技巧（例如順敍法和倒敍法），教師又會和學生進行聽、說、讀、寫語文能力的訓練。雖然童話具有普通記敍文的一般特點，通過語言來塑造人物形象、鋪陳事件，具有開端、發展、高潮、結局等主要情節。但是，這並不意味童話教學就和記敍文教學完全一樣。現時的童話教學目的不注重培養兒童的想像力（許湘雲 2011）。例如教師教授《書本裏的螞蟻》時，會向學生提出“小螞蟻何時進入了書本？”、“小螞蟻為甚麼會進入了書本？”、“小螞蟻進入了書本，發生甚麼事？”、“故事的主旨是甚麼？”等問題。但是《書本裏的螞蟻》最有趣的地方是，螞蟻在書中是一個會走路的字，螞蟻能將書中的故事內容改寫，小主人每天便可以閱讀一篇新故事。螞蟻如何在書中走來走去編寫新故事呢？這情節是課文沒有交代的，但卻是學生覺得有趣和樂於想像的空間。若教師教童話時以記敍文教學目的為依歸，只注重訓練學生的語文能力和理解能力，他們便不自覺地忽視了幫助學生發揮想像力。其實童話教學忌理性分析（丁春青 2010），因此，把童話當作一般記敍文來講解和分析是童話教學的一個誤區。

3.2 誤區二：童話必須具教育意義

雖然有些童話的內容是有教化作用，但是不是所有童話都有教訓意味，其實童話能給予兒童一個美好的體驗已經足夠。有教師認為童話教學是要學生懂得童話中所包含的道理，即是童話是要給兒童講道理（李萍 2010）。這種想法深受兩方面影響：一是受中國數百年來“文以載道”

思想的影響，教師往往要設法從童話中挖掘出某種道理來，設法在課堂上告訴孩子："該童話通過甚麼甚麼，表現了甚麼甚麼，反映了甚麼甚麼，說明我們應該怎麼怎麼。"（張應軍 2011）。二是從成人角度理解童話，成人世界的現實原則讓童話教學承載了太多的傳授知識和道德勸誠的使命（李宣平 2006）。

童話不同於寓言，寓言的故事情節比較簡單，它主要說明一個道理，具教訓意義。而童話則與小說相似，它需要生動而完整地敍述故事情節，注意細節描寫的真實，細緻地多方面地刻畫人物的性格（韋宏 2005），兒童可以在情節發展和人物性格的本質方面多加思考。童話是讓兒童在閱讀中獲得美好體驗（劉莉 2011）。這種體驗可以是很簡單，兒童閱讀了一個有趣的經歷和精彩的故事，他們覺得很開心，從而很喜愛故事中的人物，和養成閱讀童話的習慣。例如著名的《仙履奇緣》和《白雪公主》就是一個有趣的浪漫故事，但卻沒有甚麼教訓的道理。若童話內容過於強調道德教化，說教味重的故事，兒童未必喜愛。

3.3 誤區三：選取篇幅較短的童話

現時香港的童話教學的教材主要是來自不同出版社的教科書，也有個別學校的教師選取一些經典的童話作為閱讀材料，設計以童話為單元的教材，由於有些原著的童話篇幅較長，於是出版社或教師要改寫，在改寫過程中採取了簡單刪改的方式，捨棄了原作中許多生動的內容，尤其是生動的語言描寫、風趣幽默的對話、鮮明的人物性格以及精彩的故事情節（姚穎、許曉芝 2011）。刪改後成了一篇短文，學生容易閱讀，對低年級學生，這是無可厚非的做法；但對高年級的學生而言，他們是有能力閱讀長篇的童話。依照皮亞傑的理論，當兒童進入具體操作期（約 7-10 歲），他們喜歡閱讀童話；到了形式操作期（約 11-12 歲），他們可做簡單的邏輯推理，也具分析能力，一些長篇的童話和冒險故事最能吸引他們（張湘君 1993）。例如教科書所選的《巨人的花園》是改編自王爾德《自私的巨人》，是三年級的課文，出版社將它改寫為簡單的三百多字短文，尚算適合三年級學生閱讀。若將《巨人的花園》改編為五年級的課文，字數必須增加，並要加插很多有趣的情節。

3.4 誤區四：較少讓兒童朗讀童話

很多教師在課堂上給兒童高聲朗讀兒歌，因為兒歌可以琅琅上口。童話不須注重音律，而且童話較兒歌的篇幅為長，所以教師通常讓學生默讀童話，較少給予兒童朗讀童話的機會。另外一些有趣的童話，例如教科書的《沒有牙齒的大老虎》寫得很有生動，很適合朗讀。但這是自習篇章，教師只好讓兒童自行默讀，這做法無疑是減少兒童朗讀一篇有趣童話的機會。當然默讀可訓練兒童的閱讀速度，但是教師若只是偏重讓兒童默讀故事內容，這是童話教學上的缺失。因為兒童在默讀的過程中，常會出現跳讀，略讀的現象，甚至忽略了句群之間的呼應，段落之間用詞，文章語氣脈絡的轉折等現象（黃潔貞 2003），影響兒童對童話故事內容和結構的深層理解和欣賞。

3.5 誤區五：沿用傳統的評估模式

很多家長和教師關心兒童閱讀後，是否能掌握童話故事內容呢和寫作手法？教師一般所用的評估方式都是較傳統的紙筆評估。最常見的有兩項：一是是教師會請學生在閱讀童話書後撰寫讀書報告，一些經典的童話故事，如《白雪公主》、《仙履奇緣》、《青蛙王子》、《愛麗絲夢遊奇境》等，教師多要求學生寫上故事大意、寫作手法和讀後感；二是教師選用教科書編寫的童話，設計的問題，評估學生所學。這類傳統評估模式是單調和沉悶的，教科書出版社和教師設計練習的內容和形式，深受香港全港性系統估[1]的倒流效應[2]影響。全港性系統估的中文科的閱讀試卷是以理解篇章內容和結構為依歸，教師設計的練習和試題也會與它相

1　香港教統局在 2006 年全面施行 "全港性系統評估"（Territory-wide System Assessment，下文簡稱 TSA），TSA 是以考試形式進行，給學生進行中、英、數三科的測試，從而為學校提供一些數據，顯示校內學生是否達到基本的學科水準。（香港教統局，2004）。

2　"倒流效應"（Washback effect）的現象，意思是指語言科的測考內容直接和間接影響教和學。即是學生要考甚麼便影響教師要教甚麼。

若。但是童話教學其中的重要目的是培養學生的想像能力和閱讀的興趣。若然教師只集中評估學生對童話故事內容和結構的認識,這與童話教學的目的並不配合,教師便很容易走進童話教學的誤區。

4. 建議

4.1 童話教學應強調想像空間

　　童話的特點是內容多姿多彩,具豐富的想像力,因此童話教學的目的是幫助學生發揮可貴的想像力(王黎 2012)。教師應該抓住"幻想和想像"這個特色,引領學生進入童話的美好世界,這是理解童話內涵的重要的一環(烏彥博 2011)。教師可從童話故事的內容和教法方面培養兒童的思考,擴濶他們想像的空間。

　　就童話故事內容而言,教師除了和學生一起理解和欣賞故事內容外,還要特別注意讓學生多思考故事以外的情節發展。首先,是教師應啟發兒童多想像故事內容中的"留白","留白"是指故事中沒有交代的部分。教師可運用這部分,讓兒童多加以想像(Flack 1997)。例如由教科書改編的《五顆豌豆》並沒有詳細交代其他四顆豌豆的遭遇,教師可請學生多加思考。其次,教師應鼓勵兒童多思考故事的"轉變",所謂"轉變",是指教師改變了原有故事的橋段。Flack(1997)提議兒童想想假如《青蛙王子》故事中的公主吻了青蛙,但青蛙變不到王子,那麼故事發展又如何?假如《三隻小豬》故事中的小豬各有特別的本領,那麼故事的發展可不一樣。這些假設性的問題,確能豐富兒童的想像。

　　就教法方面而言,互動的課堂和多元化活動能豐富兒童的想像。課堂互動方面可分為兩類,一是教師和兒童的互動,教師和兒童一起閱讀和討論故事的內容。王曉娟、蔡錦珠(2012)認為,要充分激發學生學習童話的興趣,必須引導學生反覆看讀、反覆體會、反覆揣摩,將學生思維引入幻想和想像的境界,進而理解童話的內容。在這過程中,教師須和兒童討論和交換彼此的想法。例如兒童閱讀《醜小鴨》後,教師可提出"你有甚麼說話和故事中的人物分享?""如果你是醜小鴨,你被人嘲笑，你有甚麼感受？""醜小鴨變成天鵝，你會和她說甚麼？"等。兒童可表達意見，教師也可說出自己的看法。雖然彼此想法不盡相同，但是教師要尊重兒童獨特的想法和感受（王黎 2012）。教師也可用"引領思維法"引導兒童猜想。"引領思維法"是兒童沒有閱讀相關故事，教師和他們閱讀故事，但教師就其中的一些重要情節"賣關子"，然後請兒童想像故事發展，教師將他們的猜想寫在黑板上，跟着要他們從閱讀中尋找答案，並作討論。這種"賣關子"手法，能引起兒童閱讀的興趣和想像。例如《瓶子裏的魔鬼》，教師可請兒童猜想漁夫如何收伏魔鬼，然後才揭露文本的答案。二是兒童和同儕在閱讀中的互動。劉富（2009）認為教師可鼓勵兒童在學習小組各抒己見，然後相互修正、補充和作深入討論，提出自己的疑問，這有助啟發兒童的思考。

　　至於多元化的活動，是指教師善用故事內容設計不同的活動，其中包括角色扮演、畫圖和故事續寫等活動。姚穎，許曉芝（2011）認為有效的童話教學是採用表演方式，讓學生進行角色扮演。在角色扮演過程中，兒童必須要運用想像，表達對角色和情節的了解。廖佩莉（2009）的研究顯示教師教授《醜小鴨》時，和學生進行角色扮演，加入戲劇元素，如"定格"[3]和"思路追蹤"，[4]確能增加學生參與的機會。學生能設身處地，以多角度思考問題，發展他們的思維能力。研究又指出在角色扮演中，兒童能愉快和投入地學習。教師又可請兒童就故事內容進行畫圖和續寫活動，有助表達他們的想像力（王曉娟、蔡錦珠，2012）。教師請學生就故事內容畫圖，例如設計封面和漫畫可以幫助他們運用想像，發揮創意。現時的課文《多嘴烏龜》、《恐龍曬太陽》和《最甜的蜂蜜》只有百多字，但內容幽默，教師可鼓勵學生用四格漫畫表達故事的情節。至於續寫活動，教師可請學生續作或改寫故事，《小老鼠的魔法

3　"定格"原理就像拍照一樣，劇中所有參與者將自己的表情和動作"凝住"，他們用肢體表現故事中的一個靜止畫面，成為一個"定格"。而其他學生就可以仔細分析表演者正在發生甚麼事、人物間有甚麼關係，又或者憑他們的面部表情來推敲其內心感受。

4　"思路追蹤"則是表演者說出扮演角色的心路歷程。

書》的結局，便有很多空間讓學生發揮想像力，續作故事。高年級的學生，教師可以請他們寫出對《白雪公主》中王子公主的想法，鼓勵他們用現今時代思潮的角度，來反思傳統的童話題材和內容。

4.2 廣泛選材

為了避免上文提及童話教學的其中兩項誤區：童話必須具教育意義和教師選取篇幅較短的童話，教師應廣泛地選擇童話故事的教材。教材可增加其廣度和深度。就廣度而言，童話內容的選材不須一定是要有教育意義。童話作家可能只想寫一個兒童喜愛的故事，例如兒童文學家管家琪（2011:102-103）曾說："我寫童話從來沒有甚麼偉大的社教目的……儘管有些朋友會很好心地找出我某些作品中有哪些教育意義，其實那都不是我的本意。我的本意，只是希望能說一個好聽、精彩的故事。"由此可見，內容幽默、滑稽、有趣，令兒童得到愉悅的故事也可作教材。《愛麗絲夢遊仙境》中並沒有甚麼大道理教導兒童，但愛麗絲的經歷充滿奇趣和幻想，是兒童喜愛的歷奇故事。教師對童話的選材不應只局限在童話內容是否具教育意義。在就深度而言，對小學高年級學生而言，一些較有深度和篇幅較長的有趣童話，他們是喜愛閱讀。例如小四的《頭髮樹》童話故事，筆者曾在某小學進行試教，將這篇童話改編為 12677 字的作品，保留了很多對話和有趣的描寫，較一篇小四教科書的童話多了一萬多字（一般小四教科書的童話字數約為 700 字而已），結果大部分學生表示他們是有能力和興趣閱讀長篇的童話。

很多童話作品，由於情節曲折的緣故，篇幅相對其他體裁的文章較長，教師所用的教學時間也較多，所以他們不會選擇這些故事作教材。其實教師也可以大膽創新，採用"長文短教"的教法，讓學生自己去發現問題，討論問題，從而啟發學生的積極思維，主動地理解故事內容（鄒小紅 2006）。若是故事內容太長，教師可將情節分為若干小冊子，好讓兒童作"分冊式"的閱讀。他們完成閱讀一冊後，教師可"賣關子"，然後才派另一冊，吸引他們追看故事的興趣。小學語文教科書的編寫者和教師如何精心挑選或改寫一些合適的經典和優秀故事給學生閱讀是很重要的，選材必須顧及其廣度和深度。只有這樣做，才能改變目前小學語文教科書中"短小輕薄"的不良現狀（姚穎、許曉芝 2011）。

4.3 朗讀的方法

朗讀是童話教學中不容忽視的一環。兒童高聲朗讀能減少跳讀和略讀的情況，而且他們更能掌握童話故事的脈絡。朗讀可以幫助他們對於童話中語言的領會，激發兒童對童話故事的濃厚興趣，鞏固教學成果（王成蘭 2011）。兒童在朗讀中漸漸地已掌握語言形式和規則，語言能力也因此逐步提高（陳笑 2010）。童話故事內容豐富，描寫人物生動細緻，情節脈絡清晰，兒童若能大聲朗讀，自然會心領神會掌握文章的層次。這種心領神會，並不是教出來的，這對於發展學生（尤其是低年級學生）的語言有着積極作用（季鋒、丁紅雲 2012）。

要學生領悟朗讀的要訣，教師必須示範，讀出動感。怎樣才能讀出動感呢？首先教師須要注意有關句子結構方面的讀法。教師要懂得怎樣將句子中的詞語進行適當的切割，句子中哪些詞語要讀重音，哪些詞用輕音，哪些句子要讀得快，哪些句子要讀得慢一點。例如《醜小鴨》中大公雞說："哪裏鑽出來的醜八怪，快滾！"教師示範時，要將句子的詞語切割為"哪裏 / 鑽出來 / 的 / 醜八怪，快滾！"然後自然地讀出來，以增加句子的節奏。其中"快滾"一詞應用重音朗讀，表示大公雞對醜小鴨的不滿，全句也應讀得急促一點，反映大公雞很想醜小鴨快點走開。另一句"秋天到了，樹葉黃了，醜小鴨來到湖邊，悄悄地過日子。"教師示範朗讀時，可將句子中的詞語切割為"秋天 / 到了，樹葉 / 黃了，醜小鴨 / 來到 / 湖邊，悄悄地 / 過日子。"其中"悄悄地"一詞應用輕音讀，表示沒有聲音的意思。教師朗讀全句時應放慢一點，表示醜小鴨孤單地過生活。黃潔貞（2003）指出"教師不需解說甚麼句子成分和語法結構，只要教師能好好示範朗讀，將詞語適當的切割，好好的讀出句子中字詞孰輕孰重，孰緩孰急，小朋友聽在心裏，自然會抑揚頓挫的慢慢跟上……體會箇中獨特的表達效果。"

其次是要讀出句子的語調，童話中有很多對話，教師可以運用高低升降變化的語調來讀出人物的感情和性格。對話中的語調，正好透過朗讀讓兒童領略話語中穩藏的意思和感受人物的性格。如《卡在天窗裏的小熊》，小熊與小動物的對話，非常符合兒童口語的特點，兒童從中能領悟人物的個性。教師應重視引導學生學習不同的語調和語氣，指導學生朗讀童話故事，是吸收語言的好方法（季鋒、丁紅雲 2012）。不要輕看小朋友的朗讀能力，他們對有趣的故事，有了教師的示範，自然會讀出故事人物所用的語調，例如小豬的笨頓，狐狸的狡猾，大灰狼的兇狠等。指導兒童朗讀對話，要用接近口語的語氣，像述說自己的親身經歷一樣，在表達出文本應有的情感的同時，也能加深他們對於文本內容的理解和感悟（季鋒、丁紅雲 2012）。

雖然朗讀童話，能感染兒童對童話內容的深入理解，體味故事的箇中滋味，但亦有教師認為教學時間有限，不能將童話故事完完整整由教師示範，然後由兒童朗讀一遍，唐光超（2012）則建議教師可選擇讀出那些語言優美、情感豐富的段落讓學生朗讀。

4.4 多元化的評估

多元化的評估是指評估的形式和評估者也要多樣化。就評估的形式而言，評估活動必須配合教學活動。童話教學應強調想像空間和教出"童話味"，所以課堂應設計多元化的互動活動，增加兒童對閱讀童話的興趣。活動包括兒童的角色扮演、討論、畫圖、漫畫設計、朗讀和故事續寫等。Flack(1997) 在這方面有很多有用的提議，例如讓兒童設計《仙履奇緣》的購物商場的商品（例如文具、食物等），設計必須因應兒童的需要和興趣。教師又可請兒童設計玻璃鞋的廣告，幫助兒童發揮他們想像力。這些學習活動其實也是評估活動，這與近年教育界提出"促進學習的評估"的理念不謀而合，評估是學習和教學的整個過程中不可分割的一部分（課程發展議會 2000）。這類評估有別於傳統評估，它並不注重給予兒童分數和標準答案，而是強調兒童發表自己對故事的看法和想像，教師給予回饋。例如分冊式閱讀的賣關子(見 4.2) 教學策略，學生完成閱讀一冊後，教師可請他們寫下猜想的故事情節的發展，然後由教師給予回饋。又例如討論、畫圖、漫畫設計等活動，教師可從課堂觀察中評估學生的表現，包括學生參與活動的投入程度，他們閱讀童話的興趣等，教師可就此給予學生評估和回饋。這些活動不須詳細列出評分標準，卻以回饋來促進學習。

但有些活動是可以從具體的評估準則來評估學生，例如學生的朗讀，教師可以和學生商討朗讀的評分準則（見附件三），然後由學生朗讀，教師評分。附件三的評分準則和評分表，除了字音、吐字和流暢等項目是朗讀的基本要求外，還特別加入節奏和感情兩項，希望學生朗讀時，能加上豐富的想像力，投入童話內容，讀出故事的氣氛和人物性格。

就評估者而言，評估者也並不限於教師，兒童本人、兒童的同儕和家長，也可給予意見、鼓勵和評語。若要深入了解兒童對童話故事的興趣和養成閱讀童話的習慣，教師評、家長評、兒童自評等這類重視回饋和分享的評估是較適合的。

5. 結語

香港中國語文科課程的目標是"工具性"和"人文性"並重（廖佩莉 2012），工具性是指學生運用語文的能力；人文性是指促進學生全人發展，其中包括對高尚情操的追求、對學習語文的興趣和發展高層次的思維能力。童話的特點是具豐富的想像，內容大多是對真、善、美的追求。教師應該抓着童話的特點來施教，強調"人文性"目標。若教師在童話教學時，偏重了"工具性"目標，便只能讓學生認識篇章的內容大意，篇中的字、詞、句章法之類的語文知識而已，那麼教師便很容易走進了童話教學的誤區，失去了童話教學的魅力。所謂誤區是指：童話教學與記敍文教學目的相同、童話必須具教育意義、選取篇幅較短的童話、教師較少讓兒童朗讀童話和習慣沿用傳統的評估模式來評估學生。針對上述的誤區，本文建議教師應善用課堂互動，設計多元化的活動，擴闊童話的選材，加強兒童朗讀的機會，和兒童進行多樣化的評估，從

附件一　香港各教科書出版社的童話教材

出版社（年份）／童話篇章名稱	現代教育研究社（2006）	新編啟思（2011）	啟思新天地（2011）
一年級	無	無	無
二年級	《小熊黑黑和明天》、《大毛和小毛》	《多嘴烏龜》	無
三年級	《五顆甜甜蜜蜜的葡萄》、《小星星》、《卡在天窗裏的小熊》、《狐狸先生和松鼠先生》、《小雨點旅行記》、《地球爺爺的手》、《小毛蟲》	《狐狸釣魚》、《小貓釣魚》、《趕走老貓》、《動物運動會》、《小蝸牛的四季》	《最後一代小樹》
四年級	《會走路的字》	《哈利的花毛衣》、《井上歷險記》、《沒有牙齒的大老虎》	《一枚銀幣》、《神奇的回音堡》、《魔湖》（上）、《魔湖》（下）
五年級	無	《賣火柴的小女孩》（上）、賣火柴的小女孩》（下）、《皇帝的新衣》	無
六年級	《聰明狗奧奧》、《法網難逃》	《醜小鴨》、《美麗的公雞》	無

教育出版社有限公司 （2006）	新亞洲（2011）	朗文（2006）
《為甚麼要專心聽？》、《小兔讀課文》、《說話不簡單》、《小老鼠的魔法書》、《燕子媽媽笑了》、《小熊住山洞》、《把自己寄回家》、《洗澡（上）》	《紙船和風箏》	《橡皮說話了》
《小貓釣魚》、《香香鳥》、《最甜的蜂蜜》、《狐狸和貓》	《我要做真馬》、《恐龍曬太陽》、《想當太陽的小狗》、《小松鼠交朋友》、《小兔子找太陽》	《蜘蛛運動會》、《熊媽媽出門了》、《刺蝟的新衣服》、《溜滑梯的小星星》、《猜帽子》、《會動腦筋的小老鼠》
《找快樂》、《小壁虎借尾巴》、《怪獸的寶貝》、《討論大門為你開》、《門鈴和梯子》、《豬鼻子大象》	《不好看的書》、《書本裏的螞蟻》、《快快和慢慢》、《借時間》、《瓶子裏的魔鬼》、《巨人的花園》	《故事公園》
無	《五顆豌豆（上）》、《五顆豌豆（下）》、《群鳥學藝》、《不變的顏色》	《七色花》、《小田鼠過冬》、《我和動物有個約會》
《巨人的花園》	《傻鵝皮杜妮》	《好夢銀行》、《巨人的花園》
無	無	無

而培養他們的想像力和閱讀童話的興趣。童話教學是很重要的，它能讓兒童長出想像的翅膀，走進真、善、美的童話世界，為兒童播下愉快閱讀的種子，在他們的成長路上加添色彩。

附件二　適合小學生閱讀的經典童話選材

童話篇章名稱	作者／譯者	年份	出版地	出版社	備註
白雪公主	故事撰寫：訾如	1993	台北	人類文化有限公司	改編自《格林童話》
仙履奇緣	繪者：絹子‧克拉弗特　翻譯：李繼純	2002	台北	旗品文化出版社	改編自《格林童話》、《亞瑟‧拉克翰童話集》與安德魯，蘭恩所著的《藍色童話集》
三隻小豬	改寫：鄭明進	2002	台北	光復書局企業股份有限公司	改編自英國民間故事
青蛙王子	圖：徐偉洲，簡永宏	2007	台北	小馬哥有限公司	改編自《格林童話》
愛麗絲夢遊奇境	譯者：黃佽茵　繪者：朱瑟雷夫	2008	台北	格林文化事業有限公司	改編自路易斯‧卡洛爾的《愛麗絲夢遊奇境》

備註：上列五本經典的童話，是筆者訪問 29 名香港在職中文教師，最多教師認為適合香港小學生閱讀。訪問教師是一種預試（Pilot Study），目的是收取數據，了解香港現時的童話教學情況，為申請"教育學院系內研究經費"，擬訂計畫書作準備，研究課題是"香港教童話教學的研究"。訪問的對象是 2009-2010 年修讀香港教育在職教師複修課程的學員，任教不同的小學，教學經驗豐富。他們建議的童話是以內容有趣、文字淺易和程度適合香港小學生閱讀的為準則。

附件三　童話朗讀的評分準則

項目	優 (9-10 分)	良 (6-8 分)	可 (3-5 分)	劣 (0-2 分)
字音	完全讀正音和沒有誤讀	讀錯了 1-2 個音或誤讀	讀錯了 3-5 個音或誤讀	讀錯了 6 個或以上音或誤讀
吐字	吐字非常清晰	吐字清晰	偶有吐字不清晰	吐字不清晰
流暢	完全沒有添字、掉字、顛倒、重複、中斷。非常流暢。	偶有 (1-2 次) 添字、掉字、顛倒、重複、中斷。流暢。	有 (3-5 次) 添字、掉字、顛倒、重複、中斷。也算流暢。	時常 (6 次或以上) 有添字、掉字、顛倒、重複、中斷。不流暢。
節奏 (例如讀出故事的氣氛。開心？無奈？悲嘆？)	停連運用佳，快慢時速度的轉換甚是得當。非常掌握和讀出故事的氣氛。	停連運用不錯，快慢時速度的轉換得當。能掌握和讀出故事的氣氛。	停連運用不足，快慢時速度的轉換尚可。有時能掌握和讀出故事的氣氛。	沒有運用停連，沒有快慢時速度的轉換。未能掌握和讀出故事的氣氛。
情感 (例如讀出人物對話，顯示人物的感情／性格)	運用輕，重音突出，充分表達情感。善用高低升降變化的語調來讀出人物的感情／性格。	運用輕，重音得宜，得當表達情感。能運用高低升降變化的語調來讀出人物的感情／性格。	能運用輕，重音表達情感。偶有運用高低升降變化的語調來讀出人物的感情／性格。	未能運用輕，重音表達情感。未能運用高低升降變化的語調來讀出人物的感情／性格。

童話朗讀評分表

學生姓名：＿＿＿＿＿＿＿＿

學號：＿＿＿＿＿＿＿＿

圈出下列評分和寫上總分

項目	評分	備註
字音	10　9　8　7　6　5　4　3　2　1　0	
吐字	10　9　8　7　6　5　4　3　2　1　0	
流暢	10　9　8　7　6　5　4　3　2　1　0	
節奏	10　9　8　7　6　5　4　3　2　1　0	
情感	10　9　8　7　6　5　4　3　2　1　0	
總分		

評語：

參考文獻

陳笑（2010）小學語文教學中童話教學的作用，《學生之友（小學版）》，6，56-57。

丁春青（2010）童話教學"三大忌"，《新課程（教育學術）》，10，98。

管家琪（2011）《表達，為童話譜寫美麗的樂章，讀童話學作文》，台北：九歌出版社。

洪海鷹（2012）童話教學要關注兒童的特點，《小學教學參考》，8，33。

許湘雲（2011）對小學童話有效性教學的理性思考，《文教資料》，8，63-65。

黃潔貞（2003）朗讀就是精讀，《明報》（"教得樂"教師篇），2003 年 6 月 17 日。

季鋒、丁紅雲（2012）走出怪圈——還童話教學之清亮，《小學教學設計》，7，8-9。

課程發展議會（2000）《學會學習課程發展路向（諮詢文件）》，香港：香港印務署。

課程發展議會（2008）《小學中國語文建議學習重點》，香港：香港印務署。

李萍（2010）童話與小學語文教學，《魅力中國》，13，131。

李宣平（2006）童話教學的現實處境與理想追尋，《湖南教育》，5，26。

李幼穗（編）（1998）《兒童發展心理學》，天津：天津科技翻譯出版公司。

廖佩莉（2009）加入戲劇元素：角色扮演在小學中國語文科的應用，《香港教師中心學報》，9，82-93。

廖佩莉（2012）從香港中國語文科課程的目標和評估趨勢析論中文科教師給予學生的回饋，《教育研究月刊》，215，122-133。

劉富（2009）淺談構建特色的童話教學模式，《成才之路》，11，17-18。

劉莉（2011）淺談小學語文中的童話教學，《新課程學習（上）》，12，160。

倪潛梅（2006）在成人與兒童之間尋找支點童——話教學呼喚審美體驗，《小學青年教師》，321，40-41。

孫建龍（2002）小學語文童話體文章閱讀教學簡論，《首都師範大學學報（社會科學版）》，2，121-124。

唐光超（2012）給兒童真正的童話——小學童話教學的誤區和策略，《學苑教育》，2，78-79。

汪潮（2012）童話的特點及教學策略，《教育月刊（小學版）》，5，6-10。

王成蘭（2011）童話教學在小學語文教學中的作用分析，《小學閱讀指南（中）》，12，49。

王黎（2011）人文觀下童話教學的思索，《學科教育》，1，43-46。

王曉娟，蔡錦珠（2012）用童心，塑童真，激童趣 —— 例談提高小學童話教學有效性的方法和策略，《教師》，14，76。

王志鵬（2005）作文從童話故事開始，《文教資料》，16，70。

韋宏（2005）童話教學藝術芻議，《大慶師範學院學報》，25(3)，94-96。

烏彥博（2011）小學語文童話教學誤區探析，《赤峰學院學報》，32(6)，254-257。

香港教統局（2004）《教育改革進展性報告（三）》，香港：香港印務署。

姚穎，許曉芝（2011）《三十年小學語文童話教學研究述論》，7(5)，5-91。

張湘君（1993）讀者反應理論及其對兒童文學教育的影響，《東師語文學刊》，6，385-304。

張應軍（2011）小學語文童話教學應克服功利化傾向，《新課程學習（下）》，4，113-114。

鄒小紅（2006）童話的文本特點及教學應對，《湖南教育（教育綜合）》，5，22。

Flack, J. (1997). *From the land of enchantment: Creative teaching with fairytales.* Englewood, CO: Teacher Ideas Press.

Joan, M. (1997). *The Beanstalk and Beyond: Developing Critical Thinking though Fairy Tales.* Englewood, CO: Teacher Ideas Press.

轉載自：廖佩莉（2014）：香港小學中國語文科童話教學的誤區和建議，《中國語文通訊》，93(2)，103-116。

兒童文學的“共感”在初小語文品德情意教學的應用及意義

兒童文學的“共感”

兒童文學是因應兒童的年齡、心智發展和興趣而編寫的文學作品。它具備了文學的本質，內容包含了對真、善、美的追求，透過深入淺出的語言和藝術技巧，為兒童所能理解和喜愛的作品。怎樣的兒童文學才能令初小學生喜愛？兒童文學必須具童趣，童趣是指兒童感到有興趣，樂於閱讀。要令兒童覺得有趣味，必先要他們喜歡作品。作品應以兒童為本，內容要合乎兒童的年齡和心智特徵，能導出他們的心聲，令他們對作品產生“共感”。所謂“共感”，是作者和讀者產生的共同感受，是讀者對作者所表達的思想產生共同或相似的感覺。兒童感受到作品的人物個性、思想感情與他們相似，便容易對作品產生共鳴，容易從中學習當中的品德情意。從教師的角度而言，教師應以兒童的心態去理解他們感受，教師將自己的心比作兒童的心來看事物，多了解作者或故事人物的想法。兒童文學是最容易令學生對作品產生“共感”，它是語文品德情意教學的重要元素。

中國語文科的品德情意教育

語文是思想感情的載體，而思想感情是語文的內容。中國語文的學習除了培養聽、說、讀、寫的語文能力和思維能力外，也應幫助學生多感受作者所表達的感情，從而啟迪思維，培養道德認知、意識和判斷力。香港二零零八年《小學中國語文建議學習重點（試用）》指出香港小學中國語文科品德情意的學習目標可分為三項：

1. 培養道德認知、意識和判斷力，從而促進自省，培養道德情操；
2. 陶冶性情，培養積極的人生態度；
3. 加強對社群的責任感。

上述的三項目標強調的"促進自省，培養道德情操、積極的人生態度、責任感"並非單靠教師主導的串講便能達到。品德情意教學是教師較困難處理的課題。對初小學生而言，他們對這課題的學習更是難上加難。他們年紀小，經歷不多，教師以說教方式培養道德情操真是談何容易！品德情意教育是由感情激發到理性反思，以情引趣，以情促知，進而自我反省，並在道德上自覺實踐。如何令學生感受作品中的品德情意？教師可在選材，教法和設計活動方面多注意兒童文學中的"共感"，從而啟發他們的思維，陶冶性情。

"共感"在初小語文品德情意教學的應用

1. 選材方面：關注學生的"共感"

教師在選材上應多顧及作品內容須配合小學生的認知發展，使他們容易對作品產生"共感"。兒童文學的作者必須具備同理心，感受兒童心裏的感受，寫出為兒童喜愛的作品。教師在選材上應多採用適合小學生閱讀的兒童文學，使他們閱讀時與作者描寫的人物，事物時，在情緒上、個性上和思想上產生"共感"。通常兒童文學的"共感"可分為三類：

一、情緒上的共感

小學生的情緒是簡單和直接，他們的情緒容易受周圍的環境事物和人物的影響。兒童常見的主要情緒是恐懼、生氣、快樂。他們對自己害怕的事物會感到恐懼；對自己不滿的事物會生氣；對自己喜好的事物會歡喜。兒童文學的作者應掌握兒童在日常生活的情況，了解他們的喜好和想法，寫出他們的遭遇和感受。例如《遠離糖糖村》很適合初小學生閱讀，故事是描述一位小女孩到糖糖村參觀，看到村內四周也長滿了糖果，河流流淌着甜甜的果汁，小女孩很是高興，到處也可吃糖果。但村內的小孩，由於吃糖多了，牙齒蛀了，常常牙痛，生活並不開心。於是小女孩明白有糖果吃當然開心，但吃多了則蛀牙，牙痛時會哭起來。《遠離糖糖村》的作者非常明白兒童愛吃糖果的習慣，兒童對《遠離糖糖村》故事的主角小女孩在情緒上能產生共鳴，小女孩既想吃糖，但又怕牙痛，這種矛盾，正是一般兒童的心態。

二、個性上的共感

　　小學生的天賦各有不同，個性各異，但大底上，他們都是活潑好動、天真純潔、愛護動物、愛真愛美。他們喜愛動物，所以很多兒童故事和兒歌創作都是取材自動物世界。兒童文學中描寫的動物和兒童的性格差不多的。例如《小蝌蚪找媽媽》，小蝌蚪能游泳，外形是頭大尾長，有着蝌蚪的特性，又有着小朋友的個性，有時不喜歡跟着大人走，但一旦走失了，心中卻很彷徨。兒童心地善良，喜愛美好的事物，例如在《白雪公主》故事中有心地善良的白雪公主和心腸狠毒的巫婆，兒童都喜愛善良的公主，討厭惡毒的巫婆。安徒生筆下的"人魚公主"，生活在深海，長有魚的尾巴，在海裏游來游去，她既有魚的特性，也有人的情感，可愛善良。

三、思想上的共感

　　小學生極具想像力和幻想力。小學生缺乏知識經驗，行事自我中心，但這正是給他們的想像和幻想插上翅膀，使他們可以無拘無束、自由自在地翱翔於大千世界。《哈利波特》擁有哈利魔法，《愛麗絲夢遊奇境》的歷險正配合兒童的幻想世界，這些皆為兒童喜愛的讀物。林良筆下的《蜻蜓》就是描寫兒童對蜻蜓的聯想，作者的聯想也正是小學生的聯想。

　　　　你這架小飛機，

　　　　真可愛，

　　　　一片片的荷葉，

是你的機場，

你從這機場

起飛，

降落在另一個

綠色的機場。

這首短短的兒歌，是從兒童的角度來看蜻蜓，牠就像飛機，荷葉就像機場。林良描寫得生動有趣，能掌握兒童善於運用想像力，作者和他們所想像的是很相近。

值得注意的是，小學生的思維和想像都處於迅速發展階段，思維形式處於重要轉化過程之中，他們漸漸從具體形象思維過渡到抽象思維。兒童故事中神奇人物的形象、性格和遭遇，蘊含着深刻的哲理與智慧（抽象思維），自然容易引起兒童強烈的興趣。例如林格論筆下《長襪子皮皮》的九歲女孩，便能以小制大，制伏海盜，故事包含"信心"、"勇敢"和"機智"等抽象理念，很容易深入小學生的心坎中。

2. 教學方面：善用代入式的提問

代入式的提問是教師請學生運用想像，代入文中的角色和情節去感受作者表達的內容。這些提問沒有特定的答案，卻鼓勵學生對兒童文學的人物和情節有自己的想法。下表是以《遠離糖糖村》為例，教師提出不同類型的代入性提問。

表一：代入式的提問

代入性的類別	例子
代入主角	如果你是糖果村的小女孩，你會吃糖嗎？為甚麼？
代入配角	如果你是糖果村小女孩的好友，你會勸告她嗎？你看到她牙齒脫落有何感覺？
代入角色以外的人物	假如你是牙醫（故事中沒有這人物），你會和小女孩說些甚麼？有沒有其他建議？
代入情節的發展	假如小女孩再次參觀糖糖村，她的遭遇可有不相同的遭遇呢？

3.　設計活動方面：妙用角色扮演和討論

　　角色扮演是培養學產生"共感"的一種方法，由學生扮演某一角色，體驗各種類型人物的心理，從表演中得到啟示和反思。以《三隻小豬》為例，教師可安排學生進行角色扮演，然後與學生討論下列的問題：

- 豬媽媽把三隻小豬叫到面前鄭重其事地說："你們已經長大了，應該獨立生活了！"聽了豬媽媽的話，假如你是其中一隻小豬，你的心情怎樣？為甚麼？
- 大野狼追到門前停了下來，心想："你們以為木頭房子就能難住我嗎？"他一下一下地向大門撞去。請你猜猜房內小豬的心情和有何對策？

　　教師運用有趣的題目作討論，培養學生投入故事情節，產生"共感"，啟發他們對文中的人物行為和想法作深入的了解，從而學習個中的品德情意。

"共感"在語文情意教學的意義

一、提升兒童的理解力

　　兒童文學描述的事物，是兒童似曾相識，會令他們容易產生共感，加上作者又能運用簡單和淺易文句來表達，這些作品都適合兒童閱讀。作品內容易於理解，小學生自然能從閱讀中產生成功感和樂趣，從而更投入閱讀。例如樊發稼《小雨點》：

　　　　小雨點，

　　　　你真勇敢。

　　　　那麼高的天上跳下來，

　　　　一點也不疼嗎？

　　兒童心中萬物皆有人性，樊發稼能以兒童的觀察能力來觀察生活，以兒童的思維方式去理解生活，從而提出天真的疑問，但這種疑問很配合兒童的想法。

二、啟發兒童的思維

郭沫若說："文學於人性之薰陶，本有宏偉的效力，而兒童文學尤能予不知不識之間，引導兒童向上，啟發其良知良能。"王泉根說："善為美是兒童文學的基本美學特徵，潛移默化的效果。"小學生模仿力強，故事人物成為他們學習的榜樣，潛移默化，漸漸為他們建立喜歡善良，討厭邪惡的價值觀。但值得注意的是，教師應避免以說教方式來寫兒童文學，因為兒童對教訓式的故事並不感興趣，因此教師應以啟導方式來感染他們。例如《小蝌蚪找媽媽》的作者並沒有寫出小蝌蚪走失了，他們所得的教訓。作者很聰明寫出小蝌蚪找媽媽的過程，很彷徨和堅持，教師可多提問以啟發他們的思考。

結論

小學生常會閱讀兒童文學，教師可多加引導，令他們對作品的人物和事情產生情緒上、個性上和思想上的"共感"。要初小學生產生"共感"，教師就必先懷有一顆赤子童心，多接觸、了解和觀察兒童。同時教師能運用代入式的提問和角色扮演，幫助兒童理解故事，啟發的思維。教師能善用"共感"是兒童文學教學成敗的關鍵，它是培養學生品德情意教育的重要良方。

加入戲劇元素：
角色扮演在小學中國語文科的應用

　　很多學生認為中國語文課堂沉悶，因為教學不礙乎課文閱讀、釋詞、寫作特色、段落大意和主旨的分析，很多時都是以教師為主導的教學。因此，為了增加學生的學習興趣，很多小學中國語文教師都在課堂上安排學生扮演課文的人物，以戲劇形式表演出來。這類角色扮演是中國語文課堂一項常見的活動，究竟怎樣為學生設計角色扮演活動，才能提升學生的思維和語文能力？本文旨在分享筆者與一位小學教師為學生設計角色扮演的經驗。希望教師能藉此得到一些啟示，實踐在中國語文課加入教育戲劇元素的理念。

文獻回顧

　　教育戲劇（Drama-in-Education）是指運用戲劇的技巧，作為學校課程教學的一種方式。教師有計劃地引導學生以戲劇的元素如角色扮演、模仿、遊戲等進行教學。教育戲劇源於十八世紀的法國、英國、美國、加拿大、澳大利亞、以色列等國家，並成功改善了中小學的教育情況（顏永祺，2004）。其中以英國的保頓（Bolton）和希斯考特（Heathcote）的 "專家外衣" 教育模式最為著名，他們認為教育戲劇應是跨學科課程改革，認為從戲劇中學習能幫助學生對自己和世界有深入的認識（Lin，1985；Heathcote 和 Bolton，1994）。可惜教師在繁忙的工作下，要進行大規模跨學科的課改和幫助學生籌備大型的戲劇表演，實在不是易事。教師可常做到的，是請學生在課堂上進行角色扮演。

　　角色扮演是一種教學法，由學生扮演某一職務的擔任者，以體驗各種類型人物的心理，使自己和其他學習者從表演中得到啟示，從而改進自己。[1] 教師常在外語課堂和學生進行角色扮演與模擬,以訓練他們外語口語交際能力(楊紅,2003)。周漢光(1996,頁121)就從中文教學的觀點指出:"角色扮演是把教材改編或寫成戲劇或播音劇,由學生分組演出,以體味課文中人物的性格、感情和行為的發展,再經過事後的分析和討論,加深學生對課文的認識,並獲得情意上的教育。"簡單而言,角色扮演是讓學生擔當課文裏的某角色,進行表演,以體驗人物的思想情感,從而加深對課文的理解和感受。[2]

角色扮演的優點是將學習融合了模擬及遊戲活動,容易引起學生的學習動機(Morry,1989),提高他們對課堂的興趣(張傳明,2002;胡慶芳,程可拉,2003),寓學習於遊戲(周漢光,1996)。角色扮演也可培養學生的積極性和主動性(高旭亭,2000),令學習變得更有效,提高學習素質(王永勝,2006)。同時,角色扮演可幫助學生發揮豐富的想像力,抒發自己對角色的感情,訓練學生的語言運用能力(黃桂林,2002)。再者,角色扮演可以提供機會給學生觀察、分析事物的能力,直接實踐人際溝通技巧(張傳明,2002)。若師生能對表演情境加以討論,便可促進全班的互動,有利建構正確的價值觀,增強學生價值判斷的能力(蔡敏,2004)。教師更可和學生商討如何幫助角色在情境中解難(Morgan和Saxton,2001)。

教師在課堂安排角色扮演所面對的局限也不少,主要是由準備到表演,討論與總結,須要花費較多的課堂時間(蔡敏,2004)。周漢光(1996)指出對於一些不認真對待角色扮演的學生,會較難達致預期的學習成果;學生過分注意進行演繹部分而忽略了教學目標,尤其是一些語文能力和欣賞討論訓練。廖向陽(2007)更質疑角色扮演的教學成效,他認為不少角色扮演活動往往是表面熱鬧,實則內容空虛。角色扮演缺乏互動式教學,參與表演的學生較少,剩餘的學生不能真正地進入情境,出現有人閒聊旁觀和談笑附和的情況。

1　張傳明(2002)。〈角色扮演教學法探析〉,《中國成人教育》,第二期,頁47。

2　陳林靜(2002)。〈角色扮演在閱讀教學中的應用〉,《教學月刊》,6,頁24-25。

　　至於有關角色扮演在中國語文科的應用研究並不多，例如近期有台灣王慧勤（2002）探討學生在角色扮演的過程的學習心聲，結果發現學生在角色扮演過程中能改變學生的行為。香港的研究，則有周漢光（1996）的論文，他概括論述了角色扮演在中文教學上的價值、如何推行，以及它的優點和局限。至於如何在小學階段具體落實課文加入戲劇元素，優化角色扮演的活動，以達到有效進行中國語文教學的研究，則仍未見諸文獻。

香港中文課堂常見的角色扮演情況

　　筆者在香港教育學院任教十多年，有很多小學觀課的機會。就觀察所得，現時香港一般中文科教師在教畢課文後，多採用角色扮演來鞏固學生對課文內容的認識。一般來說，角色扮演活動能令課堂氣氛輕鬆，打破中文課較沉悶的局限，學生很喜歡這類活動。但現時的做法仍有很多不足的地方。

　　首先，角色扮演缺乏大多數學生的參與和互動的機會。由於課文描述的角色有限，因此每次在課堂上表演的學生並不多，大部分學生是欣賞某幾位同學的表演而已，情況類似上文廖向陽（2007）提出的質疑，其餘的學生不能真正地進入情境。學生只是觀看表演，接受訊息，但沒有作深入思考，互動。用戲劇的術語來說，這是“被動的觀看”（Passive viewing），未能發揮教育戲劇的目的。教育戲劇的目的就是通過教育戲劇活動促進學習（鄭黛瓊、鄭黛君譯，2006）。Heathcote 和 Bolton（1994）所指的教育戲劇是能幫助學生思考和溝通。現時的角色扮演未能充分發揮從活動中學習的精神：訓練學生多角度的思維，甚至提升他們的語文能力。其次，參與角色扮演的表演者大多是依着課文的對白來表演，這樣依書直說的演繹，學生未能從中深入體會和思考角色處境和感受。再者，現時教師安排的角色扮演大多是隨意的，甚至是即興的；有時教師在課堂上利用空閒的時間，希望學生輕輕鬆鬆上課，於是便會安排學生進行角色扮演。活動設計欠系統性，活動後的討論也只是匆匆忙忙完成，未能深入評估學生的思維和語言表達能力。

實踐構想

筆者於二零零九年一月與一位教師在九龍西區某小學的六年級試行教學設計，在課文《醜小鴨》加入教育戲劇元素，藉此探討改善現行角色扮演不足的地方。戲劇教學的策略有多種，例如圖示位置（Map Location）、定格（Still Image）、思路追蹤（Thought Tracking）、坐針氈（Hot Seating）和良心胡同（Conscience Alley）。筆者和任教教師商討後，決定幫助學生在角色扮演時多思考劇中角色的感受和對劇中角色的評價，於是在角色扮演活動中加入"定格"和"思路追蹤"兩項戲劇教學元素。"定格"原理就像拍照一樣，劇中所有參與者將自己的表情和動作"凝住"，他們用肢體表現故事中的一個靜止畫面，成為一個"定格"。而其他同學就可以仔細分析表演者正在發生甚麼事、人物間有甚麼關係，又或者憑他們的面部表情來推敲其內心感受。"思路追蹤"則是表演者說出扮演角色的心路歷程。本研究主要目的是在中國語文課堂角色扮演活動中引入這兩種教育戲劇的元素，探討和分享應用這種教學設計的經驗。

實踐情況

實驗的對象是一班小學六年級學生，共二十四人，程度普通，學習態度認真，只有小部分是較不專心的。以一般香港中文科教學的進度而言，教授一篇課文約需五至六教節，每節約四十分鐘。本研究以二教節作基本的讀文教學，指導學生掌握課文內容、字詞句和語文知識，餘下的四教節和學生進行角色扮演的課堂活動。角色扮演的目的有二：一是培養學生多角度思考的能力；二讓學生了解角色感受；三是培養學生的說話能力。

為了避免花時將課文改寫成劇本，教師選了《醜小鴨》[3]這一篇戲劇

---

3   選自啟思出版社六下教科書，故事內容與安徒生的《醜小鴨》故事內容相同。

體裁的文章作試教，文中已備有台詞和旁白。教師預先設計在那時進行"定格"和"思路追蹤"活動。教師用一聲鈴響代表定格。當學生做定格時，教師可提問觀眾對現在發生的事情的看法和感受，教師建議用兩聲鈴響請該同學要以角色的身份及角度，說出戲劇中角色當時所思所想，這就是"思路追蹤"。教師再用一聲鈴響代表解除定格，學生要返回劇中的情節。四教節可分為下列三個階段：

一、準備階段（一教節）

1. 教師先提問學生已習〈醜小鴨〉課文大意。
2. 學生解說分組角色扮演比賽的詳情。
3. 教師將全班為四組，每組約 6 人。故事由四幕劇組成：醜小鴨的出世、出走、受難和新生，每組負責一幕劇的角色扮演。
4. 教師須與學生商討他們角色扮演的步驟，是次活動與一般角色扮演不同的地方是運用了"定格"及"思路追蹤"策略。當"定格"時教師會提問觀眾他們的想法，然後解除"定格"，由表演者說出自己的心路歷程。
5. 介紹各組別要討論的工作紙（見附件一）。
6. 介紹評分方法，老師派發評分標準（見附件二），讓學生知道如何預備演出。
7. 給學生分組討論和排演練習時間。

二、表演階段（二教節）

學生演出，四組同學輪流表演，每組表演完畢，給 5 分鐘讓各組互評。特別注意的是：教師須處理"定格"及"思路追蹤"的提問和時限。以下是提問內容：

1. 第一幕：出世
定格：鴨媽媽誕下醜小鴨，望着自己的骨肉。
教師問觀眾：請觀察鴨媽媽的表情，"你們猜鴨媽媽現在的心情怎樣？為甚麼？”

思路追蹤：問表演者

“鴨媽媽，你的孩子終於出世了，但長得不像其他孩子漂亮，你覺得怎樣？”

2. 第二幕：出走

定格：醜小鴨聽到眾小鴨的難聽説話

教師問觀眾：請觀察醜小鴨的表情，“你們猜醜小鴨心裏想甚麼？”

思路追蹤：問表演者

“醜小鴨心裏想甚麼？”

3. 第三幕：受難

定格：農夫見到凍僵了的醜小鴨

教師問觀眾：請觀察農夫的表情，“你認為農夫救不救醜小鴨？為甚麼？”

思路追蹤：問表演者

“你救不救醜小鴨？為甚麼？”

4. 第四幕：新生

定格：小鴨和大公雞看見美麗的天鵝

教師問觀眾：請觀察大公雞的表情，“你認為大公雞有甚麼感想？”

思路追蹤：問表演者

“大公雞，你有甚麼感想？”

三、討論階段（一教節）

1. 教師先與學生討論評分，每組的表現，尤其是他們在劇中“定格”及“思路追蹤”的想法，哪組學生做得出色；哪組學生說話能力表現佳。

2. 後與全班討論問題。

   a) 如果你是醜小鴨，你會離家出走嗎？你會怎樣面對嫌棄你的人？

   b) 你對劇中哪個角色印象最深刻？為甚麼？

c) 學生發表對這次表演的感受，他們在角色扮演上遇到困難和得着，怎樣改善。

3. 老師綜合意見和頒獎

a) 值得稱讚的地方

b) 可改善的地方

4. 學生填寫問卷

實施效果

學生的看法

問卷的數據顯示，大部分學生（91.6%）對這次角色扮演表示非常滿意。超過八成學生認為對這次活動感到興趣（87.5%）和很投入參與這次活動（83.3%）。有超過七成學生認為他們能從活動中了解劇中人物的心態（75%），培養批判思考能力（70.8%）和反思能力（75%）。雖然有66.6%學生認為這次角色扮演能培養他們的説話表達能力，但是有三成多的學生（33.4%）表示不認同。由此可見，這次活動雖達致預期效果，但仍需加強訓練學生的語文能力。

大部分學生認為對這次活動很感興趣。其中一位學生解釋這次角色扮演與平時角色扮演的分別是在於有機會思考和討論：

> 平時的角色扮演只是一種娛樂，看着一些有表演慾的同學的表演，很是好笑。教師只會請喜歡表現自己的同學演出。但這次角色扮演加入了是定格和思路追蹤，有很多提問討論，引發思考。我雖沒有機會表演，但也會思考角色的想法，活像參與其中。

另一位學生表示這次角色扮演令她得着的地方是能設身處地從別人角度考慮問題：

> 我學會了從醜小鴨的角度來看事物。牠很慘，受到別人排斥，實在很可憐，我很同情牠。如果我是牠，我會堅強的活着，但並不快樂。

　　這次活動令學生投入角色，從多方面思考問題，但是他們在色扮演上遇到困難，尤其是現時的角色扮演活動注重了討論，但在討論中常難達到共識。例如其中一位學生說：

　　　　我們討論工作紙上的問題（角色的思路追蹤），大家各有意見，我們不知跟隨哪方面的想法。另外，排練時間不足，因而影響表演和得分。同時評分令我們感到很大壓力。

　　排練時間不足，確影響活動的素質，但也有學生提出改善的方法，他說：

　　　　當我們意見不同時，我們可投票決定支持哪位同學的意見。至於排練時間，我組則利用午膳時間排練，可加深我們組員和組員之間的溝通。有關評分方面，我希望老師能清楚解釋評分準則，好讓我們有所跟從。

　　這位學生的想法很有見地，由於他們已是高小學生，可以自發地組織綵排活動，一方面可訓練他們的組織能力；另一方面可使他們善用課餘時間進行語文活動。至於解說評分準則，教師也有相類似的反思。

教師反思

　　教師認為這個活動設計的評分準則在活動前的解說不夠具體，在解說評分表時，他們建議用具體例子說明，例如怎樣才算聲線清晰？怎樣將書面語轉為口語？在活動後的討論階段，更應以學生的表現作具體說明。他舉例：

　　　　唸對白最重要的是字正腔圓，現時很多學生說話時是口齒不清，懶音繁多。所以他們唸對白時表現不佳，討論評分準則應針對學生這方面的弱點加以糾正，因此教師的示範是很重要的，例如"我"字發音，應有 [ng] 鼻音。

　　教師又提出這次活動實在有不少準備工作。最困難的要算是設計"定格"和"思路追蹤"的問題，因為一方面要讓學生投入角色來思考；另一方面又要提起學生的學習興趣。教師表示：

這些問題並不能完全參考坊間的教師手冊，有些要靠教師自己設計，頗花心思呢！

另一個困難是表演時的秩序問題，由於學生在活動中有很多討論和表演機會，有時會發出噪音和笑聲，傳遍教室，甚至影響其他班上課。

雖然這次角色扮演有不足的地方，但是教師認為這次設計是值得推薦給同工參考，原因有二：一是學生能投入角色，設身處地思考問題；二是學生樂於學習。以下是教師的解說：

> 學生在這次設計的活動中能愉快地學習，他們不是生吞活剝課文，而是從不同角色去思考，例如鴨媽媽的感受，醜小鴨和農夫的想法，這是課文沒有交代的地方。他們可發揮想象，在“定格”和“思路追蹤”中引發思考……有些學生更能發揮他們的批判思維。

學生能將心比己，設身處地思考問題，處處為他人設想，這正是培養他們“情意教育”的好時機。“情意教育”這課題並不容易處理，但在“定格”和“思路追蹤”設計的提問中，學生不自覺地多顧念別人的感受，潛然默化學會了從別人的角度看事情和發揮他們的批判能力，這是現今學生較忽略的地方。

教師更認為這設計的最大優點是學生能積極參與活動，原因在準備階段時，學生已就自己的表演部分進行“思路追蹤”的討論。另一方面，當其他組別表演時，他們也會根據教師在“定格”中提出的問題作深思，然後再比較自己的看法和表演者在“思路追蹤”的想法。換言之，所有學生都有機會在靜態中參與思考。教師指出：

> 現在加插戲劇元素中“定格”和“思路追蹤”，並加上分組討論和比賽，提供很多互動和思考的活動，學生可靜心思考問題。

總結和建議

研究發現教師在小學中國語文課堂中設計角色扮演活動時，加入教育戲劇元素“定格”和“思路追蹤”，確能增加學生參與的機會，學生能設身處地，以多角度思考問題，發展他們的批判能力。他們能愉快地學習，這次試教雖是初試啼聲，但成效很不錯。本研究也有其局限性，例如時間不足，仍有些地方可再進一步優化角色扮演活動的設計。

首先，教師在設計角色扮演活動時應強調以培養學生的語文能力為目標。這次語文教學目標只是強調增加學生的說話表達能力，但怎樣加強學生的表達能力？教師所釐訂的語文目標，必須有側重點，例如這次角色扮演是要求學生"發音正確，吐字清楚"。如果這次他們在這方面表現理想，下次的角色扮演則可加上新要求，例如說話要有"節奏感，有輕重音"。這種螺旋式的目標，有助更清楚和深入評估學生的表現。其次，教師在設計角色扮演時，可加入寫作活動。這次活動只注重訓練學生"說"的能力，其實，教師可請學生續寫故事和寫信給劇中人物，從而加強他們的寫作能力。再者，教師可嘗試加入不同的戲劇元素，例如一些有矛盾的情節，可加入"坐針氈"和"良心胡同"，增加學生分析事物和解決問題的能力。此外，教師更可擔當其中某個角色，與學生一起演出，一方面可起示範作用（例如正確發音）；另一方面可增加師生的互動和溝通。

教育戲劇的目的是溝通，引發思考。因此在日常課堂上的角色扮演加入戲劇元素，確能增加學生的思維能力。現時推行的教改，也離不開培養思維能力，鼓勵獨立和批判性思考（香港課程發展局，2000）和建立自己的觀點或評論他人觀點的正誤（香港課程發展局，2000）。教改精神是重視培養學生對事物有正確態度的價值觀，以達致"以情促知，進而自我反省"（教育香港課程發展局，2000，頁 18）。這次課堂上的角色扮演加入了戲劇元素，與上述的教改精神不謀而合。筆者深信角色扮演並不只派幾個學生演出的海棉活動（Sponge Activities），用來填補多出的教學時間。它應具教育戲劇的深層意義：從戲劇中學習，幫助學生對自己和世界有深入的認識。教師應善用角色扮演活動，多作這方面的行動研究，進一步優化這項活動，讓學生寓學習於遊戲中。

參考資料

蔡敏（2004）角色扮演式教學的原理與評價，《教育科學》，20(6)，28-31。

陳林靜（2002）角色扮演在閱讀教學中的應用，《教學月刊》，6，24-25。

高旭亭（2000）角色扮演的效應，《山西教育》，9，45。

胡慶芳、程可拉（2003）美國中小學角色扮演模式學習的研究，《老師點撥》，12，14-15。

黃桂林（2002）扮演生活角色，指導假設作文，《江西教育》15，頁 44-45。

廖向陽（2007）角色扮演應該緩行，《語文教學通訊（高中刊)》，4，20-21。

王慧勤（2002）角色扮演在國語課應用之研究，《教育資料與研究》，45，105-111。

王永勝（2006）淺談課本劇的編演，《新課程綜合刊》，2，54。

香港課程發展局（2000）《學會學習》，香港：香港印刷局。

顏永祺（2004）教育戲劇：素質教育中一種新嘗試，《教育前沿》，23-25。

楊紅（2003）讓角色扮演與模擬走進外語課堂，《信陽師範學院學報》，23(4)，67-69。

張傳明（2002）角色扮演教學法探析，《中國成人教育》，2，47。

鄭黛瓊、鄭黛君譯（2006）《戲劇教學桃樂絲·希斯考特的"專家外衣"教育模式》，台北：心理出版社。

鄭黛瓊譯（2006）《戲劇教學，啟動多彩的心》，台北：心理出版社。

周漢光（1996）角色扮演在中文教學上的應用，《教育學報》，24(2)，121-137。

Heathcote, D., &Bolton, G.. (1994). *Drama for Learning: Dorothy Heathcote's Mantle of the Expert Approach to Education*. Portsmouth, NH: Heinemann.

Lin, W. (1985). Preparing Teachers to Put Drama in the Classroom. *Theory into Practice*, 24(3), 205-210.

Morgan, N., & Saxton, J. (2001). Working with Drama: A different Order of Experience. *Theory into Practice*, vol. XXIV, 3, 211-218.

轉載自：廖佩莉（2010）：加入戲劇元素：角色扮演在小學中
國語文科的應用，《香港教師中心學報》，9，79-88。

醜小鴨

劇目：醜小鴨第（　　）幕

角色包括：＿＿＿＿＿＿＿＿＿＿＿＿＿＿＿＿＿＿＿
場景：＿＿＿＿＿＿＿＿＿＿＿＿＿＿＿＿＿＿＿＿＿＿
時間：＿＿＿＿＿＿＿＿＿＿＿＿＿＿＿＿＿＿＿＿＿＿
道具：＿＿＿＿＿＿＿＿＿＿＿＿＿＿＿＿＿＿＿＿＿＿

"定格"的討論

教師可預先知會學生哪處會定格，討論"定格"的人物的表情。

人物"定格"時會給觀眾表情和動作是怎樣？（設身處地猜人物的想法和感受）

＿＿＿＿＿＿＿＿＿＿＿＿＿＿＿＿＿＿＿＿＿＿＿＿＿＿

＿＿＿＿＿＿＿＿＿＿＿＿＿＿＿＿＿＿＿＿＿＿＿＿＿＿

"思想追蹤"的討論

"定格"解除後，定格人物說出自己的內心想法，組員討論他應說甚麼？請將定格人物的想法寫出來，方便演員獨白。

＿＿＿＿＿＿＿＿＿＿＿＿＿＿＿＿＿＿＿＿＿＿＿＿＿＿

＿＿＿＿＿＿＿＿＿＿＿＿＿＿＿＿＿＿＿＿＿＿＿＿＿＿

評估：

評估者：同儕評估、老師、自己組；

獲星最多的一組是"最佳演出獎"；

另外，老師評估各組的表現，選出"最具創意獎"；

老師和同學的評分表相同；

角色扮演的討論組別也可以對自己組評分。

以下有兩個評分表，可供參考：

第一個以評分的方面為主，再配以最好和最需要改善表現的描述；

第二個以一句句子形容最好表現，再問學生是否同意該組做得到。

評分表

對第 _____ 組的評分		棒極了 ☆☆☆☆ (在 ⬡ 加上 ✔)	表現良好 ☆☆☆	做得不錯 ☆☆	需要改善 ☆
聲線	響亮 / 清楚 柔弱 / 含糊	⬡	⬡	⬡	⬡
語調	生動有變化 (有輕重音) 平淡缺乏起伏	⬡	⬡	⬡	⬡
表情及動作	豐富 / 生動 生硬 / 太誇張 / 不夠明顯	⬡	⬡	⬡	⬡
投入度	投入 / 充滿感情 不認真 / 沒有感情	⬡	⬡	⬡	⬡
定格及說出想法	想法深入 想法太表面	⬡	⬡	⬡	⬡
其他意見		⬡	⬡	⬡	⬡
全組共得 ☆ __ 顆					

評分表

對第_____組的評分	十分同意　頗同意　大致同意　不同意 (請圈出本組該得評分)
聲線響亮，說話清楚。	☆ ☆ ☆ ☆　　☆ ☆ ☆　　☆ ☆　　☆
語氣生動有變化，輕重運用恰當。	☆ ☆ ☆ ☆　　☆ ☆ ☆　　☆ ☆　　☆
表情及動作既生動又豐富。	☆ ☆ ☆ ☆　　☆ ☆ ☆　　☆ ☆　　☆
很投入演出，允滿感情。	☆ ☆ ☆ ☆　　☆ ☆ ☆　　☆ ☆　　☆
人物想法和感受深入。	☆ ☆ ☆ ☆　　☆ ☆ ☆　　☆ ☆　　☆
其他意見	
全組共得 ☆ ＿ 顆	

析論香港文言教學的現況與對策

　　自清末語文設科以來，語文課中文言教學佔有一席位置，已有百多年的歷史。五四運動後，文言的地位並不如白話，但這並不意味着語文課程不需要教文言。現在大多數學生認為文言寫的是古人古事，現代社會已不需要（張偉 2010），所以他們沒有興趣學習。其實中國文化博大精深，文言是重要的文化遺產，是需要承傳的。香港中國語文科中文言是學生學習語文的一環，但卻是他們學習的一個難點。最近 2012 年中學文憑試（Diploma for Secondary Education）中國語文科的成績僅有五成學生及格，是中文、英文、數學和通識科四科成績中學生表現最差的，中文科閱讀理解試卷中，學生表現最不理想是閱讀文言的部分。其實香港教師是很用心教學，但文言教學效能卻是差強人意。筆者任教教師培訓課程十多年，有機會到訪不同的學校，觀察教師上課的情況，本文就觀察所得，與教師分享和討論文言教學的現況與對策，希望加強教師對文言教學的信心。

1. 文言教學的現況

　　根據《古漢語知識辭典》的解說，文言是指古代漢語的書面語言形式之一。馬蒙（1979）指出"古漢語"一般籠統的稱做"古文"或"文言"。楊伯峻，何樂士（2001）認為現代，近代以前的漢語都是古漢語。王力（2002）指出古代漢語實際上就是古書裏所用的語言。他對古代漢語進行嚴格的科學研究，確立為上古時期（一般指漢代以前）、中古時期（一般指魏晉南北朝隋唐）、近代時期（一般指宋元明清）。王力認為中古和近代的文人都學着運用上古的詞彙和語法，他們盡可能做到跟古代的文章一樣。這種文章叫做"古文"，後來又叫做"文言文"。換言

之，文言是指以先秦口語為基礎而形成的古漢語的書面語，以及後代用
這種書面語寫成的作品（許令儀，2007），包括有韻和無韻之文。《文心
雕龍》提出"今之常言，有文有筆，以為無韻者筆也，有韻者文也"。
"文"就是指詩、辭、賦等作品；"筆"是指文言散文。所謂文言教學
是泛指教導學生學習中國古代有韻和無韻的作品。

從學習文化的角度而言，文言的流傳，保存了中華民族豐富的文化
遺產（田小琳 1994），學生學習文言能加深他們認識中國文化。從學習
語文的角度來看，王力（2002）認為學習古漢語，不但可以提高閱讀文
言文能力，同時也可以提高閱讀現代書報和寫作能力。他解釋現代漢語
是由古代漢語發展而來的，現代的漢語的語法，詞彙和修辭法都是從古
代文學語言裏繼承過來的，古代漢語修養較高，對現代文章閱讀和寫作
能力也就較高（王力 1997）。如果沒有一定古漢語的修養，真正要學好
現代漢語，幾乎是不可想像（周本淳 2000）。中學生學習一定數量優秀
文言詩文，是全面提高語文素質的有效途徑，幫助學生打下扎實的語文
基礎（徐莉莉 2010）。但是中國古代的文言作品流傳已久，無論是內容
和形式，學生都覺得很難掌握，為了幫助學生學習，教師在文言教學所
花的時間和精力是不少的。

1.1 現時的教學

周慶元、胡虹麗（2009）批評內地文言教學模式是兩極分化的。所
謂的兩極分化，一邊是過分重視文言教學的"知識性"/"工具性"目
標，另一邊是側重"人文性"目標。在國內，很多教師認為文言教學是
以傳授知識為主（"知識性"/"工具性"目標），那麼教師會逐字逐句串
講。有調查顯示，文言課堂上有 73.6% 的教師是用"字字落實，句句落
實"的方法教授文言（梁新民，2010）。學生忙於記詞義、記譯文，學
習無樂趣可言。文言教學模式是以教師講解為主導的（許令儀 2007，苟
容梅 2005），他們花了很多功夫在介紹語法知識（胡夔南 2004，何智勇
2011），然後進行中心歸納（陳如倉 2011）。教師過於重視文言知識的灌
輸，忽視學生對作品內容的的體驗（王紅 2011）。另一方面有教師認為

文言教學側重人文性的目標，教師只是和學生探究整體文中作者表達的感情，將作者表現的思想誇大，雖然課堂氣氛很熱鬧，但學生對所學卻是虛無縹緲（周慶元、胡虹麗 2009）。

　　香港的文言教學也是有兩極化的趨勢。香港教師雖然有教授文言文，但成效不彰（張漢清，2004）。原因是教法較呆板，很多教師字詞教學放在首位，停留在講解的階段（梁文寧、楊子江 2000）。雖然在古漢語作品的單元，教師必須引導學生掌握一些解讀文言字詞的基本能力，這樣他們將來才能獨立閱讀淺易的文言文（鄭佩芳 2004），但是教不得法則會引來笑柄。李家樹（1998）曾舉出一個例子：有教師教學生《論語》，他告訴學生："子"就是"孔子"，"曰"就是"說"，"學"，就是"學習"，"而"是虛字眼，"時"，是"時時刻刻"，"習"，也就是"學習"，"之"是虛字眼，"不"是虛字眼，"亦"是虛字眼，"說"是"快樂"，"乎"是虛字眼。學生聽了教師的講解後，於是高聲朗讀：孔子說："學習虛字眼，時時刻刻學習虛字眼，虛字眼，虛字眼，快樂的虛字眼。"這例子說明文言教學如果停留在單講詞法上，學生學不得其法。

　　以筆者觀察教師上課的情況，很多教師為了幫助學生理解文言文的內容大意，教師首先會解釋課題、介紹作者生平，解說內容。教師認為講授內容的第一步工作就是幫助學生掃除語言文字上的障礙（李家樹 1998）。以桓寬《鹽鐵論·本議（節錄）》為例，教師會介紹桓寬的生平和寫作背景。教師會解說自漢武帝起，推行鹽、鐵、酒專賣等經濟措施。《鹽鐵論·本議（節錄）》記錄漢宣帝時有關鹽鐵政策的爭論。教師會逐字、逐詞、逐句的解說，例如"風之"、"懷之"、"不師"、"不陣"、"開本末之途，通有無之用"、"釋其所有，責其所無"等等，然後歸結文中的主旨。這種教學模式與國內文言教學的普遍現象很相像，很注重文言教學的"知識性"／"工具性"目標。這教法的優點是教師的講解能令學生準確地掌握內容，但缺點是學生依賴教師的串講，教師花了很多時間在解說方面，教學進度慢，費時多（張守菊 2012）。

　　但也有教師突破機械式的串講，預先派發白話文翻譯本給學生閱讀，有了對譯，教師會花大量時間請學生說出對作品的感受，但這教法卻有可能出現 "人文性" 一面倒的現象。根據馬顯慈（2013）研究指出有些教師會在學生預習或講授其間派發語譯本，這種做法，間接促使師生依賴語譯資料去理解文言文，他們對照語譯本來理解原文，更甚的就索性以學習篇章為學習材料。例如有教師教授陶淵明《歸去來兮辭》，他首先派發語譯本，請學生自行學習內容，然後教師和學生討論快樂的定義，如何像陶淵明那樣的心境。學生無疑樂於參與課堂，但學生對文本認識不深，又怎樣理解作者所抒發的感情？又有一次，筆者到一所學校觀課，有教師教授朱熹《觀書有感》，鼓勵學生閱讀教科書的註解，然後請學生畫出朱熹對 "問渠哪得清如許，為有源頭活水來" 的想法，結果大部分學生是毫無頭緒，他們只是模擬教科書的圖畫而已。這種教法的優點是學生不用沉悶地聆聽教師的講解，但缺點是活動未必能幫助學生深入理解作者的想法。

1.2 教師的困惑

　　香港文言教學出現上述兩極化趨向的現象，正是反映教師對文言教學的困惑，原因是來自兩方面的：一是現時教師未能清楚掌握文言教學的目標；二是學生對學習文言不感興趣，教師可以怎樣引起他們的興趣呢？

　　就香港的中國語文課程而言，課程文件有詳細列明中國語文科的課程總目標，但卻沒有寫出文言教學的目標，原意是希望教師能參照中文科課程總目標而釐訂文言教學的目標。據香港課程發展議（2004:12）指出："中國語文的學習，應以讀寫聽說為主導，帶動其他學習範疇。"[4]最近教育局課程發展處（2010）《新高中課程中國語文》指出"中國語文課程重視培養學生的語文素養。語文素養是指知識、能力、情感態度和

4　　其他學習範疇是指文學、中華文化、品德情意、思維和語文自學等。

價值觀等在語文方面的整體和綜合的表現。""課程均衡兼顧語文的工具性和人文性,使學生的讀寫聽說能力、思維能力、自學能力、情感態度和價值觀得以全面發展。"但課程目標範圍相當廣泛,教師應如何釐訂文言教學的目標呢?

另外,教師對文言教學感到最大困惑的是學生對文言不感興趣,有些學生甚至對學習文言會產生厭惡和畏懼(張守菊 2012)。就形式方面,學生學習文言是有其障礙,障礙主要來自古代漢語的詞彙和語法。根據王力(2002)認為古代漢語詞彙其中一個特點是古今詞義的不同。古今詞義差異大,如果用現代漢話的詞義去解釋文言詞語,往往是解不通的(上海市松江中語文教研組編,1998)。至於古代漢語的語法,即是語言結構的方式,其中包括虛詞的用法和句子結構(王力 2002)。古代漢語的虛詞能顯示種種語法關係,表達一定的神情語氣,有時還有一定意義,是構成文言句子不可缺少的部分,它與現代漢語的虛詞有很大的差別。同時,文言中的特殊句法,[5] 學生是較難掌握的。香港學生選讀的文本大多是白話文,要他們明白文言的詞彙和句子結構是有一定的困難,許多學生更視為畏途,更談不上有興趣。就內容方面,古人的作品,描述古人的事跡和心態,都是陳年舊事,學生年紀輕和經歷少,是很難體味箇中的感情。況且學生未能"讀懂"文言,他們又怎能欣賞內容和感受作者的想法?

2. 文言教學的對策

2.1 文言教學的目標應明確

香港中國語文課程沒有明確指出文言文教學的目標,但內地的語文教文教學大綱和新《語文課程標準》皆提出對文言文閱讀教學明確而簡要的要求,例如學生能借助注釋和工具書理解基本內容,閱讀文言文。

5　李潤生、彭嘉強(1982)認為文言中的幾種特殊句法,包括判斷句句式、被動句句式、動詞賓語的前置、介詞賓語的前置、反問句的句式。

學生能用普通話正確、流利、有感情地朗讀，背誦優秀詩文篇。有關內地自 90 年代對文言教學的要求，可詳見於表一。

表一　90 年代以來中學語文教學大綱中文言文教學

學段 年份	初中	高中
1990	能順暢地朗讀文言文課文，理解基本內容。	複習常見的文言實詞、虛詞和句式翻譯成現代漢語，能借助工具書閱讀淺易的文言文，理解文章的基本內容。
1992	讀文言文，要了解內容，能順暢朗讀，背誦一些基本課文。	
1996		掌握一定數量的文言實詞、虛詞和常見的文言句式，誦讀一定數量的文言文名篇。
2000	誦讀古代詩詞和淺易文言文，能借助工具書理解內容，背誦一定數量的名篇。	誦讀古代詩詞和淺易文言文，理解詞句的含義和作品的思想內容，背誦一定數量的名篇。重點掌握 150 個文言實詞、18 個文言虛詞和主要文言句式在課文中的用法。

轉載馮旭洋（2002）《十年代以來中學語文教學大綱中文言文教學要求的演化探析》

　　國內對文言文教學強調的是理解內容和背誦，較少提及培養學生閱讀的興趣。其實中國語文課程目標是 "工具性" 和 "人文性" 並重（廖佩莉 2012），文言教學的目標也是一樣。"工具性" 和 "人文性" 亦即是 "情" "理" 兼備。所謂 "情" 的目標是指培養學生的學習興趣和情意態度，即劉秀寶（2004）所指 "感受文章內蘊之美"；"理" 的目標是指培養學生的語文能力。這能力既包括解讀文言字詞的能力，又包括解讀文本的能力（陳如倉 2011）。文言文教學的目標可簡化為：

1. 培養學生閱讀淺易文言的能力；
2. 培養學生閱讀文言的興趣和體味作者的思想感情。

　　至於詳細的文言學習具體重點的擬訂，則可參考課程發展處編訂

（2007）的《中學中國語文建議學習重點》，它零碎交代了學生在第三和第四學習階段（即中學階段）學習語文基礎的知識，現根據這文件將文言教學的學習重點摘要和整理如下（見表二）。

表二　第三和四學習階段文言學習重點

語文基礎知識	認識古漢語詞彙的特點（如多用單音詞及通假，一字多音、一詞多義、詞類活用）； 認識常見的文言句式（如被動句、判斷句、問句、否定句、賓語前置、句子成分省略）。
閱讀方面	理解常用文言虛詞的意義及其用法，連繫古今詞義的關係，比較古今詞義的異同。
感受和鑒賞	感受作品的藝術形象、語文之美，體味作品的思想感情。

為了改善文言教學模式兩極分化的失衡現象，釐訂"工具性"和"人文性"並重的教學目標是必要的，"工具性"目標包括讓學生認識古漢語詞彙的特點（例如連繫古今詞義的關係，比較古今詞義的異同等）和常見的文言句式；"人文性"目標是讓學生感受作品的藝術形象、語文之美，體味作品的思想感情。教師可參考表二的學習語重點設計教學。

2.2 巧妙運用的線索提問，加強學生閱讀文言文的能力

要認識文言語法的特色，不是單靠教師直接的解說。有教師認為學生經常猜測古文的詞義，能培養學生閱讀文言的能力（彭麗華，2009），但學生未必有能力自行推測詞義。彭寧靜（2010）和張守菊（2012）認為巧妙的提問能激發思維，能幫助學生學習。但怎樣的提問才可以加強學生閱讀文言文的能力？線索提問是其中的重要方法。線索提問其實源自線索閱讀（Reading Clues），線索閱讀是指教師從提問中向學生提供線索，有了線索，學生便有興趣猜測答案。學生一旦習慣從推測和比較中找答案，慢慢地便能歸納一些學習文言文的規律，從線索和比較中加強他們對文言文的理解能力。以下是一些例子：

2.2.1 古代漢語詞彙

2.2.1.1 借用古今詞義不同，引導學生猜測詞義

古代漢語詞彙的其中一個特點是與現代詞彙不同，即古今詞義的差別（王力 2002）。文言看似很古老，字義艱深，但古今詞義的不同，卻蘊涵很多趣味。鄭方（2011）建議在教學的過程中要多留意古今字義的不同，由於社會進步，語言在演變，文言中有不少詞的意義和用法，跟現代漢語不同，於是用現在字義去解釋，會鬧上不少笑話。例如《口技》中的"兩股戰戰，幾欲先走"的"股"是古代的書面語，意思是指大腿；現代口語則指屁股。那麼教師可先向學生提問："現在我們說'股'是指身體哪部分？""文中所指的'股'是不是'屁股'呢？""同學可以從'幾欲先走'猜猜古語中的'股'是指身體哪部分？"又例如在《送東陽馬生序》中的"腰白玉之環，左佩刀，右陪容臭，燁然若神人。"古義的"臭"可指好氣味，也可指壞氣味；今義則單指壞氣味。教師可給學生古今詞義的解說，引導學生根據"腰白玉之環，左佩刀"和"燁然若神人"等線索，猜想"臭"在文中的意思。

2.2.1.2 從文中的內容推測字詞的意思

古代漢語有些艱深的詞彙。李密《陳情表》中用"煢煢子立，形影相弔"來形容自己，意思是"孤苦伶仃，只有和自己的影子互相安慰。"教師可請學生留意文中提及有關父母、叔伯和兄弟的描述，從而推測"煢煢子立，形影相弔"詞義。又例如《愚公移山》為例，教師會請學生留意其中一句"鄰人京城氏之孀妻有遺男"，並提出"為甚麼小孩的爸爸不幫助愚公挖山？文中有哪些字揭示了答案？"教師透過上述的提問，希望從"鄰人京城氏之孀妻有遺男"這句中引導學生們尋找"孀"，"遺"字的意思，教師不須直解其意，便能引發學生推測詞義。

2.2.1.3 借用形訓法啟發學生學習字詞的引申義

凌建藝（2010）認為教師可借用形訓法幫助學生推測和掌握文義。訓詁學是古漢語教學的依據，對古漢語詞義推求本源（劉倩 2002）。教師可以怎樣運用訓詁法引起學生的學習興趣呢？以下是一個例子：《滕

王閣序》其中一句"時運不齊，命途多舛"，教師提供了其中"齊"和
"舛"字的資料，"齊"字甲骨文形狀是吐穗的禾麥整齊地排列。在《説
文解字注》釋為"禾穀吐穗上平也"。"舛"字的甲骨文形狀是兩個人背
對背躺着，在《説文解字注》釋為"對於臥也"。教師然後提出問題：
"那麼'齊'和'舛'字的引申義是甚麼？作者王勃認為自己的命途是怎
樣？"教師運用字形在甲骨文的解説，是希望學生從中得到啟示，讓學
生猜度"齊"和"舛"字的引申義，和作者要表達的意思。

2.2.2　古漢語語法

2.2.2.1　運用比較法，引導學生推測文言文中常見的虛詞

　　王力（2002）解釋古漢語法是指語言結構的方式，其中包括虛詞的
用法和句子結構。有關虛詞的教法，教師可運用比較法。《曾子殺豬》
中的一句"曾子之妻之市，其子隨之而泣。"有三個"之"字，它們各
自有不同意思，教師可請學生説出三者不同之處。教師給予學生線索，
例如第一個"之"字的意思是較容易的；第二個"之"字是動詞；第三
個"之"是指他的兒子跟着誰呢？教師運用比較法，讓學生分辨虛詞的
用法。很多教師多不注重文言虛詞的教法。其實虛詞的用法比實詞更靈
活，往往一個字有好幾種用法和解釋，乃至分屬好幾個詞性（上海市松
江中語文教研組編，1998）。上述的例子是教師從一句中比較三個"之"
字的用法，學生從教師的提示中學習，不必理解複雜的語法術語（"之"
字用作賓語，可用作代人、代物、代事；"之"又可作結構助詞）。其
實學生對術語是不感興趣的，不如讓他們從比較中分析"之"字的不同
用法。

2.2.2.2　認識省略句，從上文下理推測句子的完整意思

　　"省略句"是省掉句子裏的一個部分，如省掉主語；或是省掉了一
個詞。[6]以《出師表》為例，有謂"先帝知臣謹慎，故臨崩寄臣以事也。

6　　見王力（2002: 63）。

受命以來，夙夜憂嘆，恐託付不效，以傷先帝之明，故五月渡瀘，深入不毛。"這句話提及哪幾個人物？究竟是誰人"受命以來，夙夜憂嘆，恐託付不效，以傷先帝之明，故五月渡瀘，深入不毛"呢"？在文言文中，省略成分的現象是很多的。一般有省略主語、省略謂語、省略賓語、省略介詞、省略兼語、省略中心句，但教師可不用教上述語法的術語。教師可借用從上文下理，引導學生推測句子的完整意思，那麼學生學習省略句便會容易得多。

2.2.2.3 認識倒裝句，從句子字詞的先後次序猜度句意有否改變

古代漢語的句子和現代漢語的句子，結構方式不一樣。有時候，賓語放在動詞的前面，若拿現代語的句法來比較，覺得用詞做次序顛倒了，這便是"倒裝句"。[7] 以《出師表》為例，教師可提出文中的"故壘西邊"改做"西邊故壘"在意思上有沒有分別？"故國神遊"和"神遊故國"有沒有不同呢？其實兩句皆是倒裝句。又例如《史記‧項羽本紀》有謂"楚戰士無不一以當十。"中的"一以"即"以一"，意思是"以一個""用一個"，它是賓語前置（徐安崇、隆林，1996）。文言文中一些句子成分的順序和現代漢語不同，出現了前後倒置的情況，教師宜多舉出不同類型例子，讓學生可從句子字詞的先後次序猜度句意有否改變，從而認識倒裝句的特點。

2.2.2.4 認識被動句，從例句中歸納被動句的特點

被動句是指主語是動作的承受者的句子。[8] 文言文中有很多被動句。以《廉頗藺相如列傳》為例，教師提出"秦城恐不可得，徒見欺。"是誰被騙？另一句"而君幸於趙王，故燕王欲結於君"是誰被寵愛？教師然後請學生在文中尋找其他句子包涵"被"的意思。文言的被動句，有很多種表達形式，例如"……於……"、"……見……於"、"……受……於"等，教師舉出文中其中一個例子，學生在文中找出相關例句包

7　見王力（2002: 58）。

8　見李潤生、彭嘉強（1981: 191）。

含"被"的意思，並要求他們從例句中將相似或相近歸類，以這些歸類為線索，教師進一步提問學生例句的共同特點，以便學生在新的語境中能夠掌握這些特點而明白句子的意思。

2.3　讓學生體會作者的思想感情

2.3.1 "化今為古"，"古為今用"

文言教學的其中一個目標是要引導學生領會蘊涵在文章中的情感美，從理解文中的感情，和作者同喜同悲，共樂共怒（都吉鯤 2011）。但是要學生體味古代作者的思想感情是非常困難的，古代和現今的時代背景不同，現代人怎樣去感受古人的情懷呢？

教師可運用"化今為古"，"古為今用"的方法。所謂"化今為古"是指現代人應多了解古代作者的生平事跡、為人性格和寫作背景，從而體味古人的感受。每篇優秀的文言文都包含作者的感情和理想。雖然學生年紀輕，經歷淺，未必能完全體會作者的感受，但教師指導學生閱讀作者的寫作背景，和學生分析作者的際遇和性格，教師就好像創設古代的歷史情境，然後引領學生深入領悟作者的想法，嘗試用古人的角度理解他們的作品。試問不認識蘇軾的為人和個性，又怎能領悟"大江東去，浪淘盡，千古人物風流"的俯視古今的氣魄？不了解陶淵明不為五斗米折腰的背景，又怎可理解"採菊東籬下，悠然見南山"的心境？

所謂"古為今用"則是指教師引導學生感受古人的情感，可用現代人的角度分析作者這份歷久彌新的感覺。引導方法可分為兩種，一是"分析心態，情懷相若"；二是"立足古文，標新立異"。"分析心態，情懷相近"是用現代人的角度分析作者的感受，從而引申到現代人也有相類似的情懷。如教杜牧《清明》一詩，清明節學生隨家人掃墓，是對先人的懷念和敬意，他們可能很難體驗作者當時的不安的心情。那麼教師可以善用現代情境引導學生欣賞《清明》詩，教師先提問學生對香港三、四月天氣的感覺，從而介紹"清明時節雨紛紛"，要他們感受下着紛紛細雨帶來的苦悶心情，再用"孤身上路"和"路上行人欲斷魂"的情況，請他們設身處地想想當時的心情。其實學生想歇歇腳，抒發鬱悶的心態和作者的心情是相似的，只不過是現今學生會聯想到"麥當勞"喝汽水而作者卻想去"杏花村"[9]喝酒而已。雖然作者與學生的時代背景相距甚遠，但是教師運用"分析心態，情懷相近"的想法，將學生和作者的心境貼拉近，讓學生明白古詩的內容並不是高深莫測和不合時宜，它所表現的情懷是歷久彌新的，從而令他們喜愛讀詩。詩意傳承是可超越時空的局限性。

至於"立足古文，標新立異"（張守菊，2012），就是王紅（2011）所指的引導學生閱讀文言文不能僅限於文本，要用現代思想解讀文言文的思想內容。例如《傷仲永》，教師可引導學生從多角度分析仲永的性格和遭遇，並請他們舉例說出在現今生活中仲永這類人物，甚至是從仲永的行為反思自己的成長。歷黎江（2009）曾提議通過《石鐘山記》來研究蘇軾的教子方式；通過《陳情表》來討論"忠孝對現今的人們有何啟發"。

古代作品的內容看似與我們的生活風馬牛不及，但它是生活的反映，若教師能將古代和現實生活串連一起，尋找古今情懷的共通點，便能引起學生情緒的共鳴和學習的興趣。所以教師如何把文言帶進生活讓學生感悟，是達到文言教學的"人文性"目標的關鍵所在。文言文內容不是脫離生活，讓人文情感走進文言課堂，學生在情感上產生共鳴（陳光輝，2011），是教師設計文言教學時要考慮的重點。

2.3.2 朗讀和適當的背誦，讓學生讀出作者的感情

要學生投入文言的課堂，對作品產生共鳴，必須要加強朗誦的訓練。陳光輝（2011）批評現時的文言教學是重"講"而輕"讀"，意思是教師講得多，學生讀得少。其實朗誦和背誦是需要的（王元達 2001，朱莉 2008，趙春秀 2008，林永波 2011，吳媛媛 2012）。俗語有云："三

9　根據葛亮編（2003）《杜牧詩》，杏花村是指紅杏枝頭，酒旗在望的村莊。根據劉逸生編（1985）《杜牧詩選》的說法，由此詩《清明》的影響，有好幾處地方都起名"杏花村"，如著名的汾酒，便是山西汾陽杏花村酒廠出品。

分文章七分讀。"誦讀是學好文言的基礎，除了讀準字音外，還要讀出感情（金文芳 2009），將作者的思想感情"原汁原味"地用聲韻表達出來（陳曉萍 2012）。傳統式的朗讀盡可能讓學生體會古代作者的感情；潮流式的朗讀則可從學生的喜好出發，魏國良（2007）建議可用時尚的唸白，例如用"快口"（Rap）方式處理具音韻格律的古代辭賦。無論是傳統式或是潮流式，適當的朗讀和背誦都能培養學生在不知不覺中掌握文言的語感，對他們理解文言的字詞和句法有一定的幫助。所謂"適當"是指學生不是死記硬背，他們須理解內容才進行朗讀和背誦。若能進行大量誦讀，積累典範正宗的文言章句，便能幫助學生真切地體驗字裏行間作者的感情（周慶元、胡虹麗 2009）。

　　課程發展議會與香港考試及評核局（2007：12）建議"對優秀學習材料反覆誦讀，以至背誦是提高語文能力有效的方法。背誦有不同形式，如全篇背誦，片段背誦，名言警句背誦等。"著名作品如《出師表》、《木蘭辭》、《貓捕雀》、《陋室銘》、《愛蓮說》、《為學》、《燕詩》等都是學生必須背誦的佳作，篇章字字珠璣，琅琅上口，有助學生讀出作者抒發的感情。同時這份語感的積累，有助提升學生的語文素養。

2.4. 適當運用多媒體，引起學生學習文言的興趣

　　教師除了幫助學生理解文言的詞彙，語法和體會作者的思想感情外，他們還可運用多媒體，將形、光、聲、色等直接傳送給學生（朱一唯 2011），引起他們對學習文言的興趣。

2.4.1　教師可借助多媒體創設學習的情境，加強學習氣氛

　　教師可多運用網上資源，找尋適當的適合的圖片、音樂、歌曲、電影片段和動畫等，配合文言教學的內容，幫助學生感受和思考箇中情境。例如《小石潭記》的"青樹翠蔓，蒙絡搖綴，參差披拂…"是一幅很美的圖畫；《岳陽樓記》的名勝古跡，教師可通過網絡找尋相關的圖片和旅遊短片，加深學生對作者描寫的認識，令他們彷彿置身於情景中。教師教授《念奴嬌・赤壁懷古》，可以在課堂中播放一些電影《赤

壁》的片段，配以主題曲，自然能將學生引入懷古的情境。教師教授
《水調歌頭》時可以播放以蘇軾《水調歌頭》填詞的時代曲，學生可從
中展開想像，感受作者的心境。教授《木蘭辭》時，教師運用《木蘭辭》
的動畫片，將文中的情景呈現，引起學生的興趣。適當運用多媒體，可
讓學生輕鬆學習，一改對文言文學習的沉悶感覺。

2.4.2　鼓勵學生在網上進行自主學習，設置電子學習檔案

　　教師利用多媒體網絡技術，可以改變學生在文言傳統教學中被動學
習的位置，成為自主學習（李小雲 2007）。現時互聯網上常有很多中國
經典的詩詞和文言文的語譯篇章，有賞析的介紹和朗讀示範，可幫助學
生自行學習。只要教師提供具素質的網址，學生會願意自學更多文言的
篇章。教師可和學生舉辦網上閱讀文言比賽，鼓勵他們主動閱讀自己喜
愛的作品，讓他們沉浸在文言的寶庫中。教師也可和學生設置電子學習
檔案，學生在電子檔案記錄自己在網上閱讀的篇章和寫上感受。在學期
完結時，教師可選出優秀的檔案並給予學生適當鼓勵。教師也可讓學生
介紹自己的檔案，分享他們曾閱讀古詩文的心得。這種鼓勵學生在網上
進行自主學習的做法，較適合高年級和積極的學生。

3.　結語

　　香港學生在中學文憑試中國語文科的成績表現不理想，其中的一個
原因是他們未能懂得閱讀文言。令人擔心的是，受到考試倒流效應[10]的
影響，學校和教師忙於給學生多做練習，讓他們死記硬背古漢語知識，
熟習答題技巧，令對文言不感興趣的學生，更加生厭。筆者期望學生不
是只為了考試而學習文言，而是享受和欣賞中國古代的文化典籍。中華
民族有幾千年的燦爛文化，學習文言作品，不僅可以使學生具有閱讀和

10　所謂 "倒流效應" 是指由於學生要應付考試，教師會因應考試的內容和形式進行施教，
　　這無疑是以考試作主導的教與學。

欣賞淺易文言的能力，而且可讓學生多了解中國文化。指導學生閱讀文言是一種文化的承傳，教師任道重遠。教師在文言教學的準備工作比一般教學的要求為高，他們要熟悉歷史和文學，透徹理解篇章，才能夠有效地教學。

　　中國語文文言文教學目標是"工具性"和"人文性"並重，除了培養學生閱讀淺易文言的能力（工具性目標），還要培養學生閱讀文言的興趣和體會作者的思想感情（人文性目標）。教師必須清楚認識文言教學目標，多運用線索提問，與學生討論文言語法的特色。同時教師可以創設情境，運用"化今為古"，"古為今用"的方法，賦與文言的生命力，讓學生感受其中的樂趣。為了培養學生對作品產生共鳴，朗讀和適當的背誦是需要的。此外，教師可以運用多媒體創設學習的情境，加強學習氣氛。他們又可以鼓勵學生善用多媒體網絡進行廣泛閱讀。學習文言是不能速成的，而是"沉浸"的。假以時日，這種"沉浸"的學養，必能潛移默化提升學生的語文能力。

參考書目

陳光輝（2011）文言文教學存在的弊病及其矯正策略，《現代閱讀》，12，76。

陳如倉（2011）淺談初中文言文教學的現狀與策略，《科教縱橫》，12，219。

陳曉萍（2012）浸潤涵泳，體味其中 —— 讓文言教學綻放生命之異彩，《劍南文學（經典教苑）》，6，83-86。

都吉鯤（2011）讓文言文教學充滿審美愉悅，《中學語文》，6，33-34。

馮旭洋（2002）九十年代以來中學語文教學大綱中文言文教學要求的演化探析，《廣西師範大學學報（哲學社會科學版）》，S1，173-175。

葛亮（編）（2003）《牧牧詩》，香港：商務印書館出版社。

苟容梅（2005）以趣貫穿文言教學 —— 擺脫文言教學尷尬管見，《達縣師範高等專科學校學報（教育教學研究專輯）》，6，68-69。

何智勇（2011）文言教學現狀與對策，《新課程（上）》，11，115。

胡燮南（2004）反思文言文教學，《內蒙古師範大學學報（教育科學教）》，17(6)，84-85。

教育局課程發展處 (2010)《新高中課程中國語文》，香港：香港政府印務。

金文芳 (2009) "活" 乃文言教學之魂，《語文學刊》，3B，25-28。

課程發展議會 (2004)《中國語文課程指引 (小一至小六)》，香港：香港政府印務署。

課程發展議會與香港考試及評核局編訂 (2007)《中國語文教育學習領域，中國語文課程及評估指引 (中四至中六)》，香港：香港政府印務署。

李家樹 (1998) 文言教學以句法為主，收錄於歐陽汝穎編《高效能中文教學：第三屆中文科課程教材教法國際研討會論文選》，頁 269-275，香港：香港中文教育學會、香港大學課程學系、香港教育增課程發展署。

歷黎江 (2009) 反思文言教學的新迷失，語文教學與研究，5 期，62-63。

李潤生、彭嘉強 (1981)《文言文基礎及基本功訓練》，昆明：雲南人民出版

李小雲 (2007) 當文言文教學遇上多媒體網絡，《中國科技創新導刊》，469，150。

梁文寧，楊子江 (2009) 中學文言文教學與思維素質的培養，收錄於周漢光 (編)《語文教育新動向》，香港：香港中文大學教育學院。

梁新民 (2010) 改進文言教學方法，提高幼師生學習興趣，《現代語文》，5，72-73。

廖佩莉 (2012) 從香港中國語文科課程的目標和評估趨勢析論中文科教師給予學生的回饋，《教育研究月刊》，215，122-133。

林永波 (2011) 文言文教學的困惑及其對策，《文教資料》，2 期，60-62。

凌建藝 (2010) 形訓法，高中文言文教學的輔助手段，《新課程 (教研)》，10，56-57。

劉寶秀 (2001) 讓源頭活水，走進文言教學，《太原教育學院學報》，22(3)，73-74。

劉倩 (2002) 訓詁學在古漢語教學中的作用，《淮北煤師院學報 (哲學社會科學版)》，第 6 期 23 卷，111-112。

劉逸生 (編) (1985)《杜牧詩選》，香港：三聯出版社。

羅幫柱 (編) (1998)《古漢語知識辭典》，武昌：武漢大學出版社。

馬蒙 (1979) 古漢語在中學中國語文課程中的地位問題。收錄於香港語文教育研討會編輯委員會編：《語文與教育：一九七九年香港語文教育研討會》頁 105-108，香港：香港語文教育研討會。

馬顯慈 (2013) 文言文教學反思。收錄於王家倫，何文勝編：《深化語文教育改革的思考與實踐》，頁 105-114，南京：東南大學出版社。

寧靜 (2010) 讓人文情懷走進文言文教學的課堂，《文教資料》，12，60-61。

彭麗華 (2009) 談文言文教學 "猜譯"，《世紀中學生作文》，7，48-49。

上海市松江中語文教研組編 (1998)《上海市課程改革新教材，高中語文文言文教學

要點精講》，上海：華東理工大學出版社。

田小琳（1994）。文言教學面面觀 —— 從課程、教材、教法看文言教學。收錄於田小琳、李學銘、鍾嶺崇編：《語文教學面面觀》，頁 313-319，香港：香港文化教育出版社。

王紅（2011）文言教學淺談，《文學教育》，5，34。

王力（1997）《古代漢語》，北京：中華書局出版。

王力（2002）《古代漢語常識》，北京：商務印書館。

王元達（2001）優化文言教學的幾點思考，《教育實踐與研究》，2，23-24。

魏國良（2007）《高中語文教材主要文本類型教學設計》，上海：上海教育出版社。

吳媛媛（2012）文言教學實踐在古代漢語教學中的策略探究，《黑龍江高教研究》，220，93-194。

徐安崇、隆林（編）（1996）《中學語文知識辨析》，北京：語文出版社。

徐莉莉（2011）《語文課程改革後的文言教學》，http://www.hkedcity.net/iclub_files/a/1/74/webpage/ChineseEducation/2nd_issue（下載日期 16/5/201）

許令儀（2007）初中文言文教學模式初探，《中國校外教育》，4，15。

楊伯峻，何樂士（2001）《古漢語語法及其發展（上）》，北京：語文出版社。

張漢青（2004）《談文言文的課外閱讀》。發表於第十八屆國際語文教育研討會，香港教育學院。

張守菊（2012）初中文言文教學策略淺談，《現代閱讀》，5，158。

張偉（2012）高中文言文教學方法之我見，《中學語文》，36，46-47。

趙春秀（2008）高中文言文教學誦讀方法指導，《科學之友》，12，125-127。

鄭方（2011）淺談初中文言文教學的四步曲，《宿洲教育學院學報》，14(3)，64-67。

鄭佩芳（2004）古典文學教學，收錄於唐秀玲、鄭佩芳、王良和、鄺稅強、司徒秀薇、謝家浩編《語文和文學教學 —— 從理論到實踐》，頁 94-115，香港：香港教育學院。

周慶元、胡虹麗（2009）文言文教學的堅守與創新，《中國教育學刊》，2，74-77。

朱莉（2008）創新文言文誦讀教學法的探索，《語文學刊》，2，72-73。

朱一唯（2011）文言文教學中學生興趣的喚起與培養，《現代閱讀》，4，119。

轉載自：廖佩莉（2015）析論香港文言教學的現況和對策，
《中國語文通訊》，94(1)4，45-57。

淺談小學中國語文有關單元教學的問題

　　單元教學是近年中國語文科課程改革的一個重要課題。其實單元教學並不是甚麼新理念，遠在七十年代，香港就已推行活動教學，提倡以單元組織教學的內容。一九九五年小學中、英、數三科實施了"目標為本課程"，推行以"課業為本"的學習，教師須設計不同的課業進行單元教學。雖然單元教學推行至今已有一段頗長時間，但是教師對單元教學的理念仍然很含糊。本文旨在討論幾個有關單元教學的問題，希望加深教師在這方面的認識。

何謂單元教學？

　　單元教學有不同的名稱，國內稱為"主題單元"、"模塊教學"。西方稱為"主題教學"。"單元教學"一詞，見於 19 世紀末、20 世紀初的歐美，至今已有一百年的歷史。中國自民國初年，梁啟超先生已提出教中文要通盤打算，他認為授課應打破篇章以鐘點為單位的限制，而以星期為單位，兩星期教一組，或三星期教一組。換言之，語文教學是有連貫性，要求教師在具體的教學中要有"全盤的考慮"。所謂"全盤的考慮"包括教材和資源的整合。

　　單元的整合是運用系統理論將各種有關教學內容綜合起來，單元是以不同教材的共同特點來組成一個學習單位，目的是加強教學的效能，使學生容易掌握所學。

　　一九九八年香港課程發展小組在發表的文件中具體解釋了單元教學。單元是一個自我完備的教學單位，有明確的教學及學習的目的，層次分明的內容組織及配合目標的評核方法。[1] 雖然單篇教學也有其教學

1　課程小組，《課程單元化》，香港：香港教育署，1998，頁 2。

目的、內容和評估的方法，但是單元教學與單篇教學是有很大分別的。

單篇教學與單元教學有何分別？

就釐訂學習目的而言，單元教學的最大特點是每個單元都有非常清楚的教學目標，訓練學生達到該單元的學習要求。單元教學強調篇章的整合和綜合目標，包括知識和能力、過程和方法、感情態度和價值觀三個維度[2]。這與二零零四年《小學中國語文科課程程引》所指培養學生的知識、共通能力和態度等綜合目標不謀而合。但單篇教學只強調該篇的學習目標，是隨意性和無序性[3]，是以散點分佈，不能真正體現綜合目標，大都是側重訓練學生的語文能力。

就內容組織而言，單元教學特別強調類聚性的原則，即是把某一方面相同或相近的知識整合在一起，這就是單元內容的"共性"。單元"共性"組合可有很多種，可以是內容相若的篇章組成，也可以是文體相若的篇章組成。教師可因應單元的"共性"而組織主題，從而設計與主題相關的學習活動。但單篇教學只以獨立篇章施教，篇章與篇章並沒有關係，是屬於分散式的內容組織，教師只會因應單篇的內容為學生設計學習活動。

就評估方法而言，單元教學的評估是注重學生在整個單元的表現，尤其是學生學習語文的綜合性，所以評估的範圍也擴大了，教師可運用不同的評估方法，例如學生的自評、同儕互評、家長對孩子的評估等。這種另類評估可幫助教師了解學生的學習態度；單篇教學的評估卻較注重評估學生的語文知識和能力，而較忽略評估學生的情意態度和價值觀。

2　陳曉波、劉彩祥、鄭國民，〈對主題單元教學的幾點思考〉，《人民教育》（江西）2005 年 15-16 期，頁 19-23。

3　鄭國民、孫寧寧〈語文單元教學的反思〉，《學科教育》2002 年第 5 期，頁 18-21。

單元教學有甚麼特性？

單元教學有其"獨立性"和"層次性"。所謂"獨立性"，是各個篇章有其獨特的地方，例如每篇獨有的語文味（篇章特色），所以在單元教學中，教師應就篇章的"獨特性"來施教。所謂"層次性"，是指單元與單元之間應有合理的階梯性，這是一種螺旋式的學習，由淺到深，層層遞進，訓練學生的聽、說、讀、寫等能力。因此，單元教學除了要著眼於單元的"共性"外，也要顧及篇章的"獨立性"和單元的"層次性"。

由於單元教學有其"共性"、"獨立性"和"層次性"，因此教師可在同一單元和學生比較不同篇章的內容和寫作技巧。教師也可以和學生比較不同類型的單元，討論單元和單元之間的分別，務求學生掌握"同中見異，異中有同"的分析能力，加強學生的思維訓練。

單元教學的另一特點是以學生為主體，培養學生自主學習的能力，例如要訓練學生的探索能力，單元內容可銜接豐富的課外活動，學生可從活動中學習，以獲取更多訓練歸納、分析能力的機會；又如要培養學生的自學能力，教師可鼓勵學生多閱讀與單元相關的課外書。葉聖陶先生曾指出學習語文，可由導讀、仿讀、自讀、檢查、寫評着手，這種由課堂導讀到學生自讀和寫評的學習方法，可加強學生運用語文的能力，也就是單元教學的大方向。

結論

單元教學強調目標定向，符合教育心理學的規律，就是學生能有系統和效率地學習。教師在實施單元教學的過程中往往遇上不少困難，而最大的難題便是怎樣組織單元和評鑒單元設計的得失。筆者建議教師可從上文所指的單元的"共性"、"獨立性"、"層次性"和"以學生為主體"等幾方面考慮，從而提升單元教學的素質。

參考文獻

陳曉波、劉彩祥、鄭國民（2005）主題單元教學的幾點思考，《人民教育》，15-16，19-23。

課程小組（1998）《課程單元化》，香港：香港教育署。

鄭國民、孫寧寧（2002）語文單元教學的反思，《學科教育》，5，18-21。

轉載自：廖佩莉（2006）淺談小學中國語文有關單元教學的問題，《現代教育通訊》，80，28-30。

浸入式教學 —— 香港小學非華語學童學習中文為第二語言的策略

一、前言

根據香港課程發展議會（2008）的學校收生統計，香港非華語學生約有 9700 人，當中最多是巴基斯坦人，其次是菲律賓人、尼泊爾人、印度人，其餘還有歐美人、泰國人、越南人和印度尼西亞人等。就讀於香港學校的非華裔學童，泛稱為 "非華語"（Non-Chinese Speaking，簡稱 NCS）學生。他們慣用的語言與香港人所用的語言是兩個截然不相同的體系，因此學習中文是有一定的困難的，很容易產生負遷移的作用。儘管如此，"非華語" 學童必須學習中文，因為他們大部分長期在香港居住，學好中文能使他們融入香港社會。在香港的中文課堂，教師多數使用粵語，書面語是用繁體字，因此教導 "非華語" 兒童學習中文更不容易，面對不少挑戰。教師該如何幫助這些 "非華語" 兒童學習中文呢？

所謂第二語言，是指人們獲得第一語言（人出生後首先接觸及獲得的語言）後再學習和使用的另一種語言（劉珣，2002）。一般成年人學習第二語言往往都要靠轉譯，例如一位印度成年人學中文，他們可利用印地語或英文轉譯的方式，轉譯後理解中文的字詞。但是兒童未必一定需要用轉譯來學習第二語言。兒童階段是學習語言的黃金期，他們是透過 "從無到有" 的經驗累積，建構自己的語言，此外，他們特別容易從周遭環境中直接受到影響和學習語言，而且學得特別快。因此教師可嘗試運用 "浸入式" 的教學幫助他們學習中文。

二、何謂"浸入式"教學？

　　"浸入式"教學是用第二語言作為教學語言的教學模式，即兒童被浸泡在第二語言環境中，教師以第二語言面對學生，只用第二語言組織各項學習活動。"浸入式"的教學是指"直接學習，類似習得"(強海燕，趙琳，2001)。"直接學習"即是學習不用母語做中介；"類似習得"是指用類似習得母語方式來讓兒童學習第二語言，即是用第二語言作為直接教學用語的一種教學模式。趙微（2001）認為兒童在日常生活中自然能學習語言，最佳方式是直接在實踐中學習。若有足夠的第二語言信息的輸入，例如把第二語言學習與認識事物過程直觀化、情境化、形象化、活動化，以提升兒童學習第二語言的趣味性和理解性，他們並不需要用轉譯的方式來學習。

　　強海燕，趙琳（2001）認為"浸入式"教學的特點是：

1. 兒童以下意識吸收為主，充分利用了內隱學習和外顯學習的機制；
2. 忽略語法規則的順序排列，但為後期語法學習提供了基礎；
3. 兒童關注的是有趣的內容和交流，提高了實際的語用能力；
4. 兒童在輕鬆愉快的學習中，消除畏難的情緒；
5. 較自然地達到了第二語言教學中從知到行的轉變。

　　以上的特點為"浸入式"教學提供了一些原則性的依據，但怎樣實行這種教學模式仍有待商榷。以下是筆者提出一些"浸入式"教學的看法，希望有效幫助香港"非華語"學童學習中文。

三、"浸入式"的教學策略

　　兒童在學習語言過程中一件重要的工作就是發現語言文字在人類生活中所具有的能力，並多方嘗試運用這個能力，以滿足身為在社會一分子的各種個人和社會的需要（李連珠，2006）。香港社會和小學課堂用的語言多是粵語，看的和寫的是中文，兒童無形中能從生活環境中學習中文，目的是為了適應生活，以滿足社會的要求和需要，這正為"浸入式"的教學提供了有利的條件，茲析論如下：

3.1 從"小環境，大氣候"中學習，營造第一語言學習環境

雖然香港人是以中文為溝通工具，但是大多數"非華語"學童的家人習慣用自己的語言來溝通，例如用多爾都語（Urdu）、尼泊爾語（Nepali）和他加祿語（Tagalog）等和親人交談，加上他們又不喜歡收看香港的電視節目，因此他們學習和運用中文的機會並不多。"非華語"學童只靠在學校的時間學習中文，因此教師必須給予他們充分學習中文的機會。教師可以在課室和校園營造"小環境，大氣候"的學習氣氛，使他們從語言環境中學習中文。

所謂"小環境"是指教師能在課室中營造第一語言學習環境。第一語言環境是人出生後在周圍人物和環境能接觸及的語言文字。教師必須以第二語言（中文）和學生溝通，將語言學習和認知過程緊密相連，突出第二語言的工具作用，從而模糊第二語言的學習對象地位。學生如有不明白的地方，教師應盡力堅持用中文解說，輔以不同的教具（例如圖畫等）和生動的表情表述。同時教師也可鼓勵學生用中文與同儕間溝通，了解要學習中文以適應生活。此外，教室環境的佈置，如壁佈板，通告板，全用中文。若是低年級的學生，他們的姓名會貼在自己的書桌上。圖書角落，學生的書櫃和分組所用文具架也會用中文字詞顯示，方便他們下意識認讀環境的文字。這些環境文字在不同的單元／主題下會隨之更換的。當然，教師要和兒童多溝通，在互動中和他們談談周遭的環境文字，這些談話也是營造班中第一語言學習環境的好方法。

校方也可鼓勵學生充分利用學校的語言環境（戴桂英、劉德聯，1996），在全校形成和營造與實際生活密切相關的"大氣候"。例如全校舉行"農曆年宵"活動，每個班級要籌備一個年宵攤位，有些班級的學生製作賀年飾物，有些班級的學生寫揮春等，學生可從活動中學習中國節日的文化。學校又可在集會上和學生分享中國節日的故事和習俗，如

中秋節、端午節和元宵節等，營造校園重視中國文化的氣氛，學生沉浸其中，自能多認識中國文化和習俗。

在日常學校的環境中，校方也要充分發揮學習中文環境的優勢，例如早會的宣佈，甚至是學校職員和學生的溝通，必須用中文。曾有一所小學，校方規定學生買食物時必須用中文和食堂員工溝通，不到兩個月，差不多所有小一"非華語"學生也能流利地用中文購買食物，這說明學生能適應環境，能主動和自然地學習，不知不覺中達到"行"的轉變。

3.2　善用生活化的單元，浸入實用性的學習

"非華語"兒童能有效學習中文，主要是他們認為能將它應用在生活中，而且認為學習中文是很有趣的。在課程設計方面，應實行單元教學。單元教學是近年中國語文科課程改革的一個重要課題，但單元教學並不是甚麼新理念，早在七十年代，香港就已推行活動教學，提倡以單元組織教學的內容。單元的整合是有系統地將各種有關教學內容綜合起來。單元是以不同教材的共同特點來組成一個學習單位，目的是加強教學的效能，使學生容易掌握所學（廖佩莉，2006）。

教導"非華語"兒童的教師應多設計與生活有關的單元，特別強調其實用性，這與一般學校所實行的單元教學是略有分別的。"非華語"兒童就讀的學校應多強調單元內容可銜接豐富的課後伸延活動，學生可從活動中應用所學，以獲取更多學習中文的機會。聽說讀寫的訓練，不可能全部在課堂進行，教師要充分運用課堂外學生接觸的環境，讓他們活學活用。例如在"學校生活"單元中，教師教導學生運用禮貌語，可請學生在課後統計每天和接觸的人說"早晨"、"謝謝"、"對不起"等說話的次數，獎勵表現佳的學生。又例如在"生活中的人物"單元，其中一個教學重點是指導學生寫"心意卡"，可請學生在課後設計一張用中文書寫的心意卡，送給他們尊敬的人物，這可加強學生日常中文的應用，提高他們運用中文的能力。

3.3 多樣化活動：浸入遊戲的學習

要提升"非華語"學童運用中文的能力，必須讓他們喜歡上中文課。朱芳華（2006）指出創建活力課堂，吸引學生的注意力，激發他們的興趣，教師必須採取多樣化的活動，學生才能從活動中下意識地學習。"非華語"兒童早期學習中文最怕認字和寫字。與其要他們生吞活剝地死記中文字詞，倒不如設計多樣化的活動，讓學生浸泡在遊戲中學習。例如在識字教學中，香港課程發展議會（2008）中提出配合律動唱誦的《十指山》的活動，以歌謠《十指山》為教材，讓學生認識中國數字。課堂最特別的設計是通過律動遊戲："雙手的大拇指互接，做出一座山；雙手的食指互接，做出兩座山；雙手的中指互接，做出三座山；雙手的無名指互接，做出四座山；雙手的小指互接，做出五座山；保持上述動作，並將手臂舉高，變成十指山。"這是一個非常適合低年級"非華語"兒童學習中文認字的設計，他們從做動作和歌詠中無意中已認識了字。

遊戲的種類也有很多，最常見的是教師設計形似字和組合字形的字卡配對活動。張和生和趙金銘（2006）提出的"積木、魔方、撲克組字法"，周小兵等人（2008）提出閱讀時的猜詞技能，例如用字形策略，通過偏旁猜詞義的策略，這是學生喜愛的活動。其他活動，如分組討論、講故事、戲劇都能幫助培養學生用中文表達的能力。學童在有趣的活動中，能有更多的機會與同儕和教師互相交流，從而提高他們實際的語用能力。

3.4 浸入式的閱讀：大量圖書閱讀和線索閱讀

至於閱讀方面，提升學生閱讀中文的興趣是非常重要的。教師可採用浸入式的閱讀教學。所謂浸入式閱讀是指教師在日常教學中浸入大量閱讀，即是給予學生很多閱讀故事的機會，鼓勵他們多閱讀。對初學者來說，他們閱讀中文是有困難的，教師所選取的故事書必須配合學童的興趣和能力，有圖畫的故事更能幫助他們學習。圖書的作用是幫助他們從圖畫中猜出故事的發展，加上教師的指導，他們自然能認得更多的字詞。同時教師宜多和"非華語"學童進行線索閱讀。教師要選取可以進行線索閱讀的讀物。線索閱讀是指學生能依據從書本上的內容線索來推想故事的發展和猜測不懂的字詞。例如青田教育中心出版的《誰在叫》，教師和學生可一起看圖，一起唸第一頁"吱、吱、吱，誰在叫，鳥在叫"；第二頁"喵、喵、喵，誰在叫，貓在叫"；第三頁"咩、咩、咩，誰在叫，羊在叫"。當教師出示第四頁的圖片是小狗時，請他們猜猜應寫上的文字，然後朗讀，結果是差不多所有學生能讀出"汪、汪、汪，誰在叫，狗在叫"。雖然教師沒有教導學生認識"汪"和"狗"這兩個字，但是他們卻能從圖片和剛學會的重複句式推想未學的字詞和句式。這種浸透式的線索閱讀，能幫助"非華語"學生從輕鬆和愉快的閱讀中學習，消除畏難怕閱讀的心態。

3.5 打破單一規範的教學目的，強化互動中的隨機教學

教師通常會在教學前計劃每課的教學目的和學生預期的學習成果，然後設計教學活動。然而在教學過程中常出現一些突發性的機會，教師可借此幫助學生學習。但由於這些學習未必是教師計劃中的教學目標，教師往往錯失這教學的好時機，流失了隨機教學的機會。Hart 和 Risley（1975；1982）解釋隨機教學為：在非結構化的情境中互動時（例如：成人與兒童的對話等），成人有系統地將溝通所必備的技巧傳承給兒童。Miranda-Linne & Melin（1992）指出隨機教學法的主要特色是兒童主動與，教師能依據兒童一連串的行為表現來進行，並有效地加強兒童自然語言的使用。他們認為隨機教學法的一個優點是使用自然情境增強兒童功能性語言的使用，有利於語言的發展。

"非華語"兒童有他們日常生活的喜好和習慣。在師生互動中，教師可以進行隨機教學。教師若能善用隨機教學，學生比預期學習目標學得更多。例如教師教"要不要……？"句式，預先計劃的目的是要求學生口頭造句，課文中的例句大多是"要不要吃蛋糕？""要不要去游水？"。由於很多"非華語"兒童學生對中文字詞認識不多，所以都是依例句說一遍而已。若有學生說："要不要打電子遊戲機？"，教師應

善用這機會，讚賞他，立刻給他寫上"電子遊戲機"的字卡，因為這是他們喜歡學的字詞，他們自然會認記下來。教學目的本是學生能用"要不要……？"口頭造句，但在隨機教學中，他們認識了他們想學的詞語"電子遊戲機"，這類詞語因人而異，這並非教師預計的學習成果，卻是學生喜歡學習和可應用的詞語。

3.6 教師語言的妙用

要"非華語"兒童在自然的情境下學習中文，模仿教師所用的語言是其中一個方法。"浸入式"教學是教師以第二語言面對學生，組織各項學習活動，表達時應盡量避免語言轉換。有效地善用教師語言是"浸入式"教學的重要元素。教師語言不論在語音、詞彙、語法方面，都應準確。他們的語言是學生模仿的典範。教師應善用活潑的語言，"以情譯語"，聲情並茂表達語義來幫助學生學習（喬惠萍，2001）。教師除了妙用生動的語言外，還附帶適當的手勢，表情和動作，學生自然樂於浸泡在第二語言環境中學習。

劉珣概括了教師運用第二語言的課堂教學特點："一是慢，放慢語速，增加停頓；二是簡化，使用簡單的詞彙、句子；三是詳細化，輸入更多信息包括多餘信息，採用重複、釋義、迂迴的辦法，目的是為了便於學習者理解，成為可理解的輸入。"（劉珣，2002，頁149）教師語速較慢和多運用簡單句子是為了方便初學者聆聽語義，學習和模仿語言。教師採用重複語句的方法來表達，是加強和鞏固學生所學。教師所用的詞語和句子，也應隨着學生的程度而提升。對高年級學生而言，教師運用的語言應逐漸增加詞彙的多樣性和語法的複雜性。

值得一提的是：教導"非華語"學童的教師應比一般教師較多運用讚美語，一句鼓勵的話，一個拇指，一個微笑，對於初學中文的"非華語"學童是莫大的鼓舞。無論是喜歡學習中文的學童還是學習中文有困難的學生，在教學過程中，教師適當運用口語和非口語的讚美語，確能讓孩子從中找到自信，充分引起他們內隱學習、外顯學習中文的動機和興趣。

3.7 "浸入式"的評估

大多數"非華語"學童很害怕面對測驗和考試。一般華語能力的評估都是以測驗為主，語文測驗會因目標不同而有不同的測驗內容（柯華葳、宋如瑜、張郁雯，2004）。"非華語"學童的語文評核目標應與華裔學童的評核目標不同。"非華語"學童學習中文的能力比華裔的學童弱，因此他們所考的測驗內容也應有分別。現時要他們和香港學童一起參加"全港性系統評估"[1]，是欠妥當的安排。雖然"非華語"學童也要面對測考，但若只用語文測驗這類總結性評估來評核"非華語"學童的能力，他們會感到很挫敗。因此"浸入式"的評估是不容忽視的，它與"浸入式"教學是息息相關。"浸入式"教學注重從生活中浸入實用性的活動，所以要評估學生的學習也應從平日的活動着手，不應只依賴總結性評估來評核"非華語"學童的能力。

所謂"浸入式"的評估，是指學童在日常學習活動中的進展性評估。學生只須為自己學習的進程而努力，無需與別人比較成績。進展性評估有很多方法，例如教師評核學生平日的習作、為他們多設計自評和同儕互評活動，最重要的是教師從日常課堂觀察學生的表現來評估他們的能力。若學生能力允許，甚至可以請他們自行記錄和收集平日的學習例證，組織學習檔案（National Education Association, 1993）[2]，留下學習證據。為了加強"非華語"學童對中文字的認識，教師可請他們組織一個字詞為主題的學習檔案，他們所收集的例證也不要太複雜，應以日常生活所見所聞為主。教師請他們在日常生活中，記錄他們想學或已學的字詞，例如在超級市場記錄一些食物的名稱和在店舖上見到的招牌名字等，然後請他們在班上分享。這不但可幫助他們從生活中學習更多的中

1　"全港性系統評估"是香港教育局給予學童的考試，主要目的是協助學校管理階層了解學生在主要學習階段（小三、小六及中三）結業時，於中、英、數三科基本能力的整體表現，以筆試進行。小學中國語文科的評估範疇包括聆聽、閱讀、寫作、説話、視訊。

2　學習檔案是着重學生的作品或學生對作品感想的學習記錄，通過學生所收集的資料，載明了學生在重要學習結果上的進展情形。

文字，而且還可以用來評估他們對學習中文的態度。

四、建議實施的方法

課程、教法和評估是相輔相的，要實施"浸入式"教學策略，必須在課程和評估設計上互相配合。就課程設計方面而言，教師可注意下面的方法：

（1）"浸入式"教學策略包含結合語言、學科和文化的學習。由於"浸入式"教學非常注重從日常生活中學習，所以"非華語"校本課程的單元設計應以"個人"、"家庭"、"社群"、"生活用語"、"認識中國文化"等為課題。這些課程內容能結合日常生活語言和文化的學習，對學生學習中文是有幫助的，更可取的是教師可以營造與單元課題相關的語言環境，設計課堂活動和課後的延伸活動，使學生從"小環境，大氣候"中學習，從而訓練學生聽、說、讀、寫的能力。

（2）"浸入式"教學其中的策略是強調多樣化的活動，例如從遊戲中學習和隨機教學，教師在課程設計時要考慮活動所須的時數，並預留一些隨機教學的時間，不應將課程編排太多內容，把課程編排得太緊迫，否則根本沒有時間和學生進行活動和隨機教學。

（3）"浸入式"教學強調大量圖書閱讀和線索閱讀，所以校方可多撥資源購買相關的書籍。香港有關線索閱讀的讀物並不多，教師可考慮訂購一些台灣出版的書籍讓學生在課堂和課後的閱讀。教師設計課程時，也可選用這些書籍作教材。

在評估方面而言，"浸入式"的教學很注重學生在日常學習活動中的進展性評估。教師該如何運用進展性評估評核"非華語"學生的語文能力呢？香港教育局已按"非華語"學生的能力，設計了"中國語文校內評估工具"，以兼顧不同學習階段學生的需要，包括單字聆聽、認字和寫字等。教師可根據"中國語文校內評估工具"提出的具體建議，即不同程度需達成、認識多少字詞的準則，在進展性評估中觀察和記錄學生的表現。教師更可在教學中加強指導學生不足的地方，提供回饋，從而提升學生語言的和正確性。

五、總結

　　"浸入式"教學是直接用第二語言作為教學語言的教學模式,教師不用轉譯的方式來教導第二語言,而是用"類似習得"的方式來讓兒童學習第二語言(強海燕、趙琳,2001)。在"浸入式"教學中,教師應強化生活化、實用化,活動化的教學設計,營造"小環境,大氣候"的學習語言氣氛,使學生從環境,活動和應用中學習。"浸入式"教學的策略是加強學生內隱學習第二語言的動機,使學生明白學習第二語言的實用性,並嘗試運用,以滿足生活上的需要。"非華語"學童年紀輕,他們的可塑性很強,學習能力和適應力也很強,因此在第二語言環境中的學習是最自然和輕鬆的。但是香港教師運用"浸入式"教學來幫助"非華語"學童也會遇到困難,香港語言環境很複雜,它並非是"我手寫我口",所用的口語是粵語,書面語卻是漢語,所以香港"非華語"學童的口語表達能力較書面語為佳。雖然如此,"浸入式"教學確能讓"非華語"學童學好中文,更快適應和融入華人的社會。近年來,隨着"非華語"學童人數不斷增加,對"非華語學童學習中文為第二語言"這課題的探討是必要的。本文旨在提出"浸入式"教學的看法和建議,希望能夠加深教師對"浸入式"教學的認識,並提供給香港和其他地區或國家的教師作參考。筆者在未來的實證研究中,會詳細分析研究過程,深入探討"浸入式"教學的成效。

參考文獻

戴桂英、劉德聯(1996)《對外漢語教學法研究》,北京:北京大學出版社。

柯華葳、宋如瑜、張郁雯(2004) 語文能力測驗編制的原則與範例,柯華葳(主編)《華語能力測驗編制—研究與實務》,台北:遠流出版社。

李連珠(2006)《全語言教育》,台北:心理出版社。

廖佩莉（2006）：淺談小學中國語文有關單元教學的問題，《現代教育通訊》78 期，第 28 至 30 頁。

劉珣（2002）《漢語作為第二語言教學簡論》，北京：北京語言文化大學出版社。

強海燕、趙琳（2001）兒童早期第二語言浸入式教學與課程建構，載趙琳、強海燕（編）《中外第二語言浸入式教學研究》，第 69 至 79 頁。

喬惠萍（2001）遵循母語發展規律，習得等二語言，載強海燕、趙琳（編）《中外第二語言浸入式教學研究》，第 179 至 182 頁。

香港課程發展議會（2008）《中國語文課程補充指引（非華語學生)》，香港，政府物流服務署。

張和生、趙金銘（2006）《對外漢語課堂教學技巧研究》，北京：商務印書局。

趙微（2001）英語浸入式教學的基本原則，強海燕，趙琳（主編）《中外第二語言浸入式教學研究》，第 80 至 88 頁。

周小兵、張世濤、干紅梅（2008）《漢語閱讀教學理論與方法》，北京：北大學出版社。

朱芳華（2006）《對外漢語教學難點問題研究與對策》，廈門：廈門大學出版社。

Hart, B., & Risley, T. R. (1975). Incidental teaching of language in the preschool. *Journal of Applied Behavior Analysis*, 8, 411-420

Hart, B., & Risley, T. R. (1982). *How to use Incidental teaching for elaborating language*, Austin, TX: PRO-ED.

Miranda-Linne, F., & Melin, L. (1992). Acquisition, generalization, and spontaneous use of color adjectives: *A comparison of incidental teaching and traditional discretetrial procedures for children with autism*, Research in Developmental Disabilities, 13, 191-210

National Education Association (1993). *Student portfolios*, Washington, D.C.: National Education Association.

轉載自：廖佩莉（2012）浸入式教學 —— 香港小學非華語學童學習中文為第二語言的策略，《華文學刊》，10(2)，76-85。

香港語文教師在小班照顧學生個別差異的教學策略調查研究

引言

在全球先進國家人口出生率持續下降的浪潮中，適齡學童人口較過往數年大幅下降，英美和歐亞各地的政府便紛紛推行小班教學，小班教學已成為先進國家的一項教育改革。小班教學有很多不同的定義，本文所指的小班教學，是班級規模小，學生人數不多於二十五人，最重要的是小班教學並不是徒有"形式"，而是需具"小班教學的精神"，即是個別化[1]、多元化[2]、適性化[3]等精神，提倡尊重學生個別差異，提供適的照顧。

雖然在大班教學中，教師也會照顧學生的個別差異，和有需要的學生進行課後輔導，但是由於每班學生人數較多，在有限的教學時間和空間，教師未能在課堂教學上充分發揮互動的精神，就個別學生的需要而作出跟進。小班教學卻可避免教師在大班中不能全面照顧個別學生的困難。上海有研究指出不多於二十五人一班的學生參與課堂互動的頻率大為增多，教師更能確切明白每個學生的表現，進行個別化的指導（沈祖

1　見榮憲舉，李輝（2006）：個別差異與個性化教學，《吉林廣播大學學報》，2006 年 3 期（總數 75 期），第 49 頁。"個別化"是根據學生身心發展的特點，因材施教，讓每一個學生的個性得到充分發展。

2　見潘金芬（2005）：面向全體與注重個別差異，《文教資料》，2005 年 4 期，第 56 頁。"多元化"是指尊重學生的多樣化，允許學生發展的不同，採用不同教育的方法和評估標準。

3　見潘金芬（2005）：面向全體與注重個別差異，《文教資料》，2005 年 4 期，第 56 頁。"適應化"是指為不同程度的學生，開發和提供相適應的課程和教材。

芸，2004）。換言之，小班比大班教學更能提供有利機會給教師照顧學生個別差異。

現時香港並未正式全面推行小班教學，但是由於近年來香港人口出生率持續下降，部分小學已率先試行小班教學，每班二十五人。有部分小學因收生不足，每班學生人數更少於二十五人，這正為小班教學提供有利的條件。任教這些班別的教師，必須改變原本以三十至四十人一班的教學策略，實踐小班教學的精神。有鑒及此，本研究旨在探討香港中國語文科教師在小班（少於二十五人一班）中運用了甚麼策略來照顧學生的學習差異，並就研究所得，提出優化中國語文科小班教學的建議，以照顧學生的語文學習差異，提升語文教育的素質。

一、文獻回顧

（一）小班教學

美國早在 1984 年起便於印第安納州和田納西州推行小班教學。在 1987 年 5 月美國聯邦教育部正式通過一項名為《1998 年降低班級學生人數暨教師素質法》的法律，目的是為了使全國小學一至三年級的班級學生人數減少到 18 名。這一舉措深受學校和教師的歡迎。隨着全球人口出生率下降，其他國家例如加拿大、德國、我國上海、北京等大城市近十年來也開始實行小班化教育改革。

很多國家曾進行不少小班教學的研究。就小班教學的效果而言，大部分研究的發現是利多於弊。現歸納如下：

一、小班教學能發揮以學生為主體的作用，促進教師的課堂教學成效。例如 1978 年史密斯和格拉斯（Smith & Class）的研究發現小班制與學生的學習成績有關，特別是當學生在小班教學中學習超過一百課時，效果更加明顯。

二、在小班教學中，學生反應、教師士氣及教學情況，效果最好（敦春燕，2005，頁 50）。

三、小班教學的教師確能增強對學生的個別關注，減少了學生課堂上的秩序問題（Achilles, 2003），同時學生在小班中有較強的專注力（Blatchford 等人，2007）。

四、由於班中人數減少，教師可給予學生發揮他們的潛能（李海瑛，2005），給予學生一個自由開放，主動探索的空間（李永旺，2005）。

五、由於教師有更多機會關心每位學生，更有利建立融洽和諧的師生關係（王都留，2006；周智慧，2005）。

六、在小班中，師生之間、學生之間的互動頻率也增多，在交流和探究的學習環境下，學會關心他人，學會合作。學生不再是知識裝載器，而是真正地向着“人”的方向發展（王冠玥，張建新，2005；王都留，2006）。

但是小班教學也有負面的評價，例如澳登（Odden, 1990）、哈努曬克（Hanushek, 1998）便質疑小班教學的成效，他們認為小班教學不一定能使學生有良好的成績，但學校的支出卻很大。有些學校雖實行小班化教學，但是教師仍採用傳統而呆板的教學法，許多教師未能達到小班化教學的素質（王冠玥，張建新，2005）。事實上，很多教師未曾接受過小班教學的訓練。

（二）照顧個別差異的策略

教師怎樣照顧學生的個別差異？就課程而言，教師應注重課程的整合（黃宏宇、鄒碩，2005，Brophy, 2000）。劉玉靜（2003）認為課程必須依據學生的身心發展特點，既要考慮知識的順敍性，也要考慮學生本身的能力。此外課程應重視培養學生的創造性和自主性。就教學方法來說，榮憲舉和李輝（2006）建議教師要突破“知識本位”的局限。教師應靈活運用不同的教學方式（敦春燕，2005），例如小組合作教學、情境學習，以活動促進發展，給學生發揮自主學習（榮憲舉和李輝，2006），分層教學和彈性作業（鄒碩，2006；楊美紅，2005）配合不同能力的學生。更重要的是在教學活動中，師生能廣泛交流，相互影響（王曉玲，1998）。為了鼓勵學生從活動中學習，程向陽（2006）指出學生的分組可按他們的學業能力（成績）與興趣進行。就評估學生而言，小班化教學要求教師以學生成為評價的主體。教師應重視學習過程、群體和主體自我的評價，因而學生成為評價的積極參與者，使評價更為民主化（王冠玥，張建新，2005）。教師可運用檔案評價法（常維國等人，2006），學生自己決定用甚麼顯證（例如：習作，專題研習）來顯示自己的學習過程和成果。

總之，要能照顧個體差異，小班制應是一個課堂教學的基本條件。教師在小班中，可讓學生自評、互評，取長補短（馬鴻平，2006），培養學生自我評價的能力，同時教師亦讓家長參與評估。由於班內人數減少，教師給予學生更多實時評價和反饋（周智慧，2005）。此外，評估不僅考察學生的知識或概念等認知層面，同時關注對表現等行為層面的觀察（劉玉靜，2003）。

（三）香港相關的研究

香港在 2004 年有 37 間小學參加小班教學的試驗。官方指出在小班教學中教師的專業發展培訓是必須的。香港基督教女青年會（2004）的小班教學調查報告發現教師普遍認同小班教學有助改善教與學的素質，如教師有更多空間協助學生面對學習困難。

至於怎樣照顧學生的個別差異，香港在這方面的研究很少，盧敏玲等人（Lo, et al., 2005）曾探討過在課堂中教師怎樣照顧個別差異的策略，但其研究並不針對小班教學。迄今有關香港小學中文科教師怎樣在小班教學中照顧個別差異的研究，尚未見諸文獻。因此，本研究便針對這方面的缺失進行相關探討，期望教師對此有所認識。

二、研究目的和意義

香港由 2009 至 2010 學年起，政府逐步在公營小學的小一開始實行小班教學，到 2014 至 2015 學年時，將會涵蓋小一至小六各個級別。推行小班教學，對教師來說是一項新挑戰，他們必須從經驗中學習。有鑒於此，本研究嘗試從部分小學已率先在 2006 至 2007 年試行小班制的中國語文科教師作研究對象，目的主要是探討他們在小班教學中照顧學生個別差異的常用教學策略，從而反映出教師需要更新哪些教學策略，需要在哪些方面作出改善。研究成果能為未來推動與改進小班制教學提供具體的論據。研究的意義可分為兩方面：

（一）提升中國語文科的教學水平

本研究的其中一個實踐意義，是嘗試從擁有小班教學經驗的語文教師的角度探討他們常運用照顧學生個別差的教學策略，期望藉此能為教師創設一個新領域，開拓一個嶄新的視野，為沿用已久的語文教學方式，注入新的元素，拓展新的局面，並能因此提升語文學與教的水平。

（二）有助發展教師專業培訓課程

作為從事教師教育的專業人員，明瞭現行語文教師在小班制的教學，除了有助任教 "小班教學" 和 "照顧個別差異" 這類單元，提高其教學效能外，更重要的是在整個師訓課程體系中，突顯了教師須加強培訓的部分，明確了師訓課程的設計及發展方向。這不但有助發展未來教師專業發展課程；對現行的在職進修課程之檢討與改進工作，相信也會發揮一定的正面作用。

三、研究方法與研究對象

本研究以定性研究（Qualitative Approach）為主，輔以定量研究法：採用問卷調查與定性訪談方式。研究對象是香港小學中國語文科教師，研究樣本取自 2006-2007 年度修讀香港教育學院舉辦的八星期複修課程的學員。研究員首先擬訂問卷初稿，然後邀請 2 位教師試填，再根據試填教師的意見修訂問卷。研究對象及取樣方法是以 "判斷取樣法（judgment sampling）" 方式邀請基層教師填寫問卷。收集問卷後，研究員把問卷數據輸入計算機，並進行整理和分析。

問卷調查方式共派發了六十份問卷，給曾任教少於二十五人一班的小學中文科教師，結果收回四十五份，回收率達百分之七十五。填寫問卷的教師是來自不同的學校，他們具有不同的教學年資，具有一至五年教學經驗者佔 2.2%，具二十一年或以上的教學年資者佔 13.3%，大部分（66.7%）教師具六至十五年教學經驗，餘下的（17.8%）有十六至二十年的教學年資（見表一），教學經驗豐富。

表一：教師的教學年資

年資	百分比
1-5 年	2.2%
6-10 年	35.6%
11-15 年	31.1%
16-20 年	17.8%
21 年或以上	13.3%

填寫問卷的教師在校內有不同的職務（見表二），包括課程發展主任（同時任教語文科）、科主任、級別聯絡人、語文科教師，本研究的對象涵蓋工作範圍相當廣泛，應具一定的代表性。

表二：教師的行政和工作安排

職位	百分比
課程發展主任 (同時任教語文科)	2.2%
科主任	26.7%
級別聯絡人	26.7%
語文科教師	44.4%

在訪談方式上，以建基於問卷的調查結果，深入收集教師對小班教學的看法。訪談對象及取樣方法是以“配額取樣法（quota sampling）”方式邀請了 5 位基層教師接受深度訪問。他們來自不同的學校，教齡在五年以上，對教學工作有相當認識，訪談對本研究獲得深入而準確的資

料大有幫助。本研究引述各受訪者的意見時，將以教師 1、教師 2、教師 3、教師 4、教師 5 為五名受訪者的代號。

四、研究結果和討論

研究發現教師頗滿意學生在小班中的表現。大部分（91.1%）教師認為他們可在小班的課堂上運用不同的教學策略，而超過九成（93.4%）的教師認同這些策略能幫助學生發展他們的潛能，而大部分（86.8%）教師認為小班教學能改善課堂的教學成效。在訪談中教師深入談及他們的教學策略包括下列各項：

（一）安排更多不同的教學活動

問卷調查顯示超過九成教師（93.3%）認為小班能發揮以學生為主體的作用。有受訪教師解釋由於小班課室活動的空間多了，教師可運用不同的活動，例如角色扮演、講故事、辯論、寫作比賽、閱讀獎勵計劃和語文遊戲等，引起學生的學習興趣，使他們能積極投入學習。有教師表示：

> 在活動中，學生表達的機會多了，他們說話的信心大了。對說話課堂的興趣也增加了！（教師 2）

有教師認為小班能令學生從活動中學習，她舉例：

> 小一其中一課是《小鳥飛》，在朗讀課文時，由於班內只得二十三人，課室的空間大了，他們真的可以在課室內一邊學小鳥飛的動作，一邊快樂唸《小鳥飛》！學習氣氛很不錯，他們對朗讀產生興趣！（教師 3）

大部分受訪教師在小班教學中確能採用多樣化的語文活動，以增加學生的興趣。他們設計的活動，有靜態的和動態的，例如靜態活動有閱讀獎勵計劃；動態活動有角色扮演等。一般語文課都是強調寫和讀的活動，都是較靜態的，但由於小班的學生人數較小，環境可以提供足夠空間進行活動，因此教師可設計多些動態活動，學生參與和表達的機會增加了。大部分受訪教師認為活動應以引起學生學習興趣為主,活動是劃一的,學生未能自主選擇自己喜愛的活動。

(二)設置小組協作學習的課堂機制

問卷數據顯示超過七成(77.8%)教師認同他們經常在小班教學中替學生分組。受訪教師詳細解釋怎樣採用小組活動進行教學。小班的每組人數較少,約三至四人一組,教師易於控制,學生較投入學習。但大部分教師採用分組形式是單一化,以學生的鄰近同學為一組。雖然教師大班教學中,也有採用小組活動,但是由於人數太多,不能使每一組或個別學生在課堂上都有機會參與匯報;不過在小班教學中,每個小組均有匯報的機會,教師能清楚分析各組的表現。由於組別較少,在小組活動中,教師可參與其中,並更深入認識學生學習語文上的強項和弱項,從而照顧到組內不同學生的需要和興趣。其中一位教師表示:

> 有些有讀寫障礙的學生,默書和作文能力較弱,我會盡量給予他們說話和講故事的機會,所以我會多設計分組看圖說故事的活動,以增加他們的成功感。在小組活動中,我會特別留意和幫助他們學習,我發現這些有讀寫障礙的學生在小組中表現得分外投入。(教師4)

亦有部分受訪教師(三分之一)認為在小組活動中,學生與學生之間的互動也增加了。這有助培養學生與人相處的能力。有受訪教師表示在小班中,因每組人數不多,組內每位成員都有自己的責任,學生的責任感也加重了。

雖然教師能運用分組幫助學生學習,但是分組模式是較呆板的。組別的組合大多是以方便為原則,以學生的鄰近同學為一組。教師未能善用組內"合作學習"。現時教師為學生設計的分組大都是組員互相討論,各組員沒有特定的任務。教師對"合作學習"的分組模式似乎掌握不多,只有四成(40.8%)教師曾在小班教學中進行"合作學習",有五分之四受訪教師未能深入解釋"合作學習",可見很多教師並未懂得在小班中運用"合作學習"的策略來照顧學生學習差異。

（三）通過提供更多互動機會與思考空間

　　由於學生人數較少，師生互動的機會增多，大部分受訪教師（五分之四）認為她們運用了不同層次的問題提問學生，能依據個別學生的能力發問。例如對理解能力較差的學生，教師會提出一些闡述和直接的問題，讓學生較易作答並獲得成功感；對理解能力較佳的學生，教師可以發問一些複雜和較深層次的問題來挑戰他們。在小班中，學生答題機會大大增加，甚至是每個學生都有機會回答老師的問題，教師可就學生的答案，作深入的探究，提供回饋。教師對每個學生的回饋多了，便能幫助學生的學習。學生有機會向教師提出多些問題，提問多了，可幫助訓練他們的思維。有教師認為：

　　　　在大班教學中，教師在課堂上，由於學生人數較多，因此未能對每個學生發問；但在小班中，每個學生都有答題的機會，我會向他們提出簡單問題；能力佳的學生，我會提出較深問題，他們都樂於回答……我發現在班上向我發問的學生也多了。（教師 4）

　　小班教學的特點是強調師生之間的互動，本研究發現教師能採用不同程度的提問，確能增加師生的溝通和互動。有教師提出在小班中要不斷提升學生的答題能力，她解釋：

　　　　能力較遜的學生並不是每次只答低層次的問題，教師在適當的時間，給予提示，鼓勵他們回答難度高的問題。（教師 1）

　　倘若教師對能力較遜的學生只提出低層次問題，對能力較佳的學生只提出高層次問題，那可能會增加兩者的學習差距。其實能力較遜的學生也應有機會嘗試回答高層次問題，但教師要多加協助。例如在《司馬光破缸救人》一文中，教師的提問是："從文中所見，司馬光是個怎樣的人？"能力高的學生很快便作答，並能舉例說明。但教師也可向能力較遜的學生提出相同的問題，學生不知如何作答，教師可運用加強引導思考的提問（prompting questions），如"司馬光遇到甚麼事情？從這件事中，他的表現如何？"幫助他們作答，更重要的是對學生的回答，教師要給予提示和協助，從而加強他們對答題的思考和信心，以讓所有學生殊途同歸。

由於在小班學生人數不多，教師提出的不同層次的問題和根據學生的答話給予回饋，能幫助提升每個學生答題的素質，增加他們思考空間，這確是有效的策略。

（四） 通過輔導更好地照顧個體需要

大部分受訪教師（五分之四）都認為每班學生人數較少，學生的秩序問題減少了，課程的進度得以順利完成，教師可騰出更多時間給學生加補充練習或是輔導學習能力較遜的學生。例如有教師説：

> 改完作文後，發現某學生的標點運用很差勁，每段文字總是運用逗號，最後一句才用句號！於是我給他做工作紙作輔導。工作紙的內容是分辨句號和逗號！（教師 2）

全部受訪教師都應同為能力較遜的學生，給予額外的輔導是得當的做法；可惜的是超過一半的受訪教師（五分之三）認為能力較高的學生，不須進行額外練習和輔導，其實這看法是有待商榷的。能力高的學生也應得到特別的照顧，使他們的潛能得以充分發揮。教師可參考"充實教學"的理念。"充實教學"是指根據教學目標，運用有效教材，提供能力高學生的學習措施，他們可選擇其學習經驗，在師生互動中，增加學生學習的廣度和深度，提高其學習動機和興趣（簡茂發和魏麗敏，1996）。例如教師為能力高學生設計補充的精深教材，讓他們完成課堂的語文基本練習和活動後，可選擇這些教材進行自學，若學生遇到困難或完成了自選的教材，便會主動聯絡老師。那麼在師生的溝通和互動中，教師更能照顧能力高學生的需要。

（五） 課程設計與小班制教學

問卷顯示小部分教師（27.9%）認同在小班中要經常剪裁中國語文科的課程才能施教，也有部分教師（26.6%）不認同，非常不認同的約佔一成（9.9%），較多教師（35.6%）表示沒有意見。受訪教師一致認為小班教學的課程設計與大班教學的分別不大，他們並沒有因為每班人數減少了而進行課程剪裁。大部分受訪教師（五分之三）認為課程的目標和方向是既定和劃一的，現時坊間所用的教科書是依新課程而設計的，所以只要依照教科書的內容施教，以下是一位教師的意見：

> 我任教小班和大班，都是依新修訂的教科書來施教。本港現時的各出版社教科書是很商業化，為了增加銷量，教科書的內容設計得很豐富，教學進度很趕迫。我只能匆匆教過教學重點……我沒有進行課程剪裁，我只是跟着教科書內容來施教，坦白說，我不懂得怎樣進行課程剪裁。（教師 3）

大部分受訪教師（五分之四）在小班中都依照教科書來施教。沿用教科書有其優點和缺點。優點是教師可運用現成的教材；缺點是教科書內容是劃一化的，未必能配合個別學生的能力和興趣。近年的語文課程改革強調照顧個別差異，小班教學能為課改提供有利條件。在小班制中，學生人數較少，教師應更能了解學生的需要，設計校本課程或進行課程剪裁，但可惜很多教師對課程剪裁認識不多。

（六）測考為主的評估與另類評估

在語文評估方面，問卷資料和受訪教師表示他們全部均認為評估模式與大班教學的相同，均離不開考試、測驗、默書和作文等，可見教師在小班教學中仍以傳統測試評估模式為主。至於一些另類評估（例如學習檔案評量，同儕互評等），教師仍未敢放膽嘗試。問卷數據顯示如學習檔案的評量，只有 26.7% 教師嘗試運用；在小班中讓學生自評的僅佔 49%，讓學生互評的則有 55.6%。其中有一半受訪教師在小班中常讓學生互評，他們解釋在大班教學中，學生只填寫互評紙，沒有在課堂上公開表達對同輩的意見。所以受訪者認為在小班中學生互評的效果較佳，學生從互評中訓練他們的批判能力。有教師表示：

> 我不甚清楚甚麼是另類評估，我知道在小班中我可有足夠時間請學生互評作文，學生會用批判角度作評論，這是我意想不到的。（教師 5）

另外，由於小班只有二十五人一班，教師花在批改作文和習作的時間也相應減少了，因此很多受訪教師（五分之三）有更多時間在評估後跟進學生的表現。他們只是採用經特別設計的補充工作紙給有能力不達標的學生而已。

總而言之，研究結果發現教師在小班教學中採用不同的教學策略：設計不同的活動，引起學生的學習興趣，安排學生分組學習，運用提問，提供學生互動機會和思考的空間，這都是教師運用得宜的策略。但是教師在課程和評估設計上與大班教學的分別不大，未能充分發揮小班教學的優勢。

五、建議

香港一向實行大班教學，由 2009 至 2010 學年起，政府逐步在公營小學的小一開始實行小班教學。為了迎接這種的改變，教師在教學上也嘗試運用不同的策略。為了可進一步優化教師在小班制中照顧學生個別差異所運用的策略，下文就根據研究結果提出相關的建議：

（一）深化設計的活動

本研究指出受訪教師大多能運用不同的活動確能引起學生興趣，但為了更能照顧學生的學習差和幫助教師提升設計活動的素質，教師可多注意下面的兩點：一是教師不應一味追求趣味性活動而忽略了活動背後的意義。教師宜在設計活動時進一步多考慮活動的目的是要發展學生的注意力、觀察力、思維能力等智力的增長，同時也要注重培養學生的感情、性格、意志等非智力因素的成長，只有這樣，才能有助提高學生的綜合素質和能力。二是教師可多給學生自由開放的空間，主動探索的活動，可在課堂預留一些時間，給學生自行選擇適合自己的語文活動，讓他們得到全面而富有個性化的發展，從而實踐小班教學的精神。

（二）活化小組的協作

　　本研究發現教師在小班中常進行小組活動，但教師為學生分組的方式較呆板，調配組別也欠靈活，小組活動大多集中組員互相討論和匯報。其實分組的方式可有多種的變化，教師可根據學生的認知、興趣、個性和能力，將學生分成同質和異質小組。同質小組有利教師對相若特性的學生進行輔導；異質小組有利培養學生的合作精神。異質小組的目的並不是純粹能力強的同學指導能力弱同學，而是小組中各成員要有自己的任務，各成員要合作才能成功。教師宜根據設計活動的目的，因應學生的興趣和能力，為班中組建各種不同的合作小組，讓每個學生在組內能學習並發揮所長。組別的組合並不是千篇一律，宜根據需要而作出變化。

　　同時教師在小組活動設計上也可多加變化，盡量在"基本要求"的大前提下，對不同程度的學生，提出不同的要求。為了幫助學生發展潛能，獲得成功感，教師可以考慮採用"共同活動，不同要求"的做法。例如在小組討論中，教師對說話能力較弱的學生，盡量給予學生提示和指引，只要求他們用完整的單句作答，這就是基本要求；對說話能力較佳的學生，教師可不給予指引，要求他們能用複句作答，並在小組討論中提出問題。教師不須對學生明示這些要求，而是透過參與小組交談，觀察學生的表現對學生進行提點和輔導。

　　教師也可以透過"不同活動，不同要求"的設計照顧學習差異。例如只要求說話能力較弱的一組學生觀看一幅圖畫，然後說出圖意；對說話能力較佳的一組學生，教師可安排他們觀看兩幅圖畫，然後讓他們說出兩幅圖畫的分別，並要求學生用比較形式來運用較複雜的語句。因此，不同能力的學生可參與不同活動，從而增強學生的成功感。

（三）強化"補底"和"拔尖"的工作

　　研究發現很多教師重視為能力較遜的學生進行"補底"工作，給予他們輔導；但卻忽視了對能力佳的學生進行"拔尖"的工作，給予他們挑戰自己的能力。教師可針對學生的能力差異，進行分層的施教。所謂分層施教是指教師根據學生的能力和興趣，有效地將學生的能力歸類，然後將教學目標層次化。所謂層次化是指必須以基礎目標為準，視乎情況和學生的能力加以調適，給學生有多層次的練習、課業、課堂指導。層次是將學習目標分為"基本要求"和"較高要求"。這個基本要求是統一的，但是在這統一要求的前提下實行多樣化，這就是所謂求同存異。

教師擬訂學習目標時，必先考慮班內學生的程度和能力，根據校本精神的原則訂立對學生的"基本要求"。"在訂立基本要求"前須先要將目標明確化。例如在一年級上學期，教師希望學生能掌握句式"……去"，假如一年級學生的能力是一般的，教師可將教學目標訂為要求學生能運用詞語填句"……去"，這是對學生的基本要求，也是測驗和考試的要求，這個要求是統一的，每位學生都應達到的基本目標。所以，所有學生必須完成有關運用詞語填句的工作紙。學習能力較遜的學生，教師可在做工作紙前，多給予補充練習，幫助他們逐步達到基本要求；程度較佳的學生，他們可以超越基本要求，教師可多設計增潤練習以挑戰他們的學習能力，例如可請他們運用"……去"句式造句。若屬尖子，他們可能很快完成增潤練習，教師甚至可請他們用"……去"句式寫複句呢。

（四）優化中國語文課程

研究指出無論小班和大班教學，很多教師都是依教科書施教。小班教學強調個別學生的需要，因此教師必須因應實際學生的能力作出專業的判斷，選擇適合的教材，設計校本課程。教師可以就現有的教材（教科書）作出適當的刪減、改寫、補充。近年的課程改革特別強調學生的學習能力，增加他們的學習興趣，提高他們的學習的信心，期望他們從學習中獲得成功。要實踐課改的精神，教師可優化中國語文課程，先要參考香港近年頒佈的《小學中國語文課程綱要》和《基本能力評估指標》，然後因應學生的興趣和能力而進行課程剪裁，設計不同類型的課業，以配合學生的學習和成長需要。

（五）重視學習過程的另類評估和評估後的跟進

本研究發現教師並未能充分運用另類評估。由於小班學生人數較少，教師可有更多時間為學生進行日常評估和跟進他們的學習。小班教學重視照顧學生的學習過程，強調收集、分析並保存學生學習過程的關鍵資料，因此學生在堂上的活動，例如平時的習作、自評、互評資料是有助教師分析個別學生在學習上的優勢和不足，從而提出具體的建議。教師可要求學生收集功課樣本，幫助學生設立學習檔案評量，方便檢視學生的學習紀錄和跟進他們的學習進程。同時教師可多鼓勵學生跟進自己的學習，收集學習例證放入檔案。教師甚至可利用部分課堂時間請學生組識學習檔案和對學生的學習過程作出評估和跟進，筆者深信教師在小班中能有效應用學習檔案評量。

（六）加強教師專業培訓

教師在小班中能否照顧學生個別差異從而提升學生的學習成效？這是小班教學成敗的關鍵。本研究發現很多教師雖然嘗試運用不同的策略，但教育當局和師訓機構也應提升教師在這方面的專業發展，舉辦理論和實踐並重的研討會和工作坊。理論的課題包括：小班教學、合作學習、促進學習評估、課程剪裁、另類評估等等。但更重要的是幫助教師如何有效地應用理論在教學上。培訓模式可作出一些改變：由中央集體培訓到個別校本培訓。師訓機構人員和教育專家可和教師一起根據學生的需要，制訂在學校試行策略。同時師訓機構人員透過觀課，根據教學的實況而提出建議。

六、總結

現時很多國家提倡素質教育，要求每位學生都有良好的發展，和提高全體學生的學習素質。小班教學的人數較少，教師在課堂中能照顧個別學生的需要，幫助學生發揮潛能，與上述素質教育的理念不謀而合。要有效提升小班教學的素質，教師必須打破傳統大班教學的模式，發揮

其教育專業的才幹，在課程設計，教材，教法和評估方法作出改變。本
研究發現教師嘗試運用了多樣化策略照顧學生個別差異，他們在安排活
動，設置分組，運用提問，加強師生互動這幾方面做得不錯，但他們仍
有很多需要改善的地方。希望教育當局和教師培訓機構能提供相關的課
程，從而提升小班教學的效能和學生的語文能力。學生語文能力的差異
包含許多複雜因素，要解決這問題非朝夕的事，亦非教師個人能力可解
決。這需要多方面的支持，教育同工對這課題的研究也是刻不容緩的。
筆者寄望未來有更多有關語文教師在小班教學中進行的行動研究，以豐
富教師對這課題的認識。

參考文獻

常維國、周曉露、程珊（2006）小學小班化教學初探，《沙洋師範高等專科學校學
　　報》，1，77-79。

沈祖芸（2004）點擊小班符跳，《上海教育》半月刊，5，23。

敦春燕（2005）美國小班教學綜述，《外國教育研究》，32(181)，50-68。

黃宏宇、鄒碩（2005）小班化教學理念探析《小學教學參考》，22。

昊永軍（2003）再論小班教學的理念及其相關策略，《現代教育論業》，1。

簡茂發、魏麗敏（1996）充實教學，黃政傑（主編）《個別化教學法》，台北，師大
　　書苑，頁 61-73。

李海瑛（2005）論小班化教學在中職教育中的運用，《貴州教育》，37-38。

李建剛（1995）目標教學研究：全國目標教學理論研討會專輯，濟南：山東教育出
　　版社。

劉玉靜（2003）實施個性化教學的若干策略，《當代教育科學》，5，26-28。

李永旺（2005）小班化教育的實踐探索與反思，《史教資料》，20，36-38。

馬鴻平（2006）尊重學生差異靈活設計作業，《中國民族教育》，35。

潘金芬（2005）面向全體與注重個別差異，《文教資料》，4，56-57。

榮憲舉、李輝（2006）個別差異與個性化教學，《吉林廣播電視大學學報》，3，49-
　　51。

王都留（2006）小學大班化教學是制約新課程改革的瓶頸,《甘肅高師學報》,11（2）,124-126。

王冠玥、張建新（2005）小班化教學的必要性及其對大班教學的啟示,《湘潭師範學院學報》,27(6),137-139。

王曉玲（1998）論個性化教學的"點",《江蘇教育學院學報》,4,17-19。

香港基督教女青年會（2004）小班教學調查報告,香港：學校社會工作組出版。

楊美紅（2005）小班教學也不輕鬆《小學教學參考》,20,11。

鄒碩（2006）談小班化教學的策略《教學論壇》,2,42-43。

周智慧（2005）小班化教學——促進學生發展的有效形式,《內蒙師範大學學報》,18(2),23-25。

Achilles, CM (2003).How class size makes a difference: *What research says. The impact of class size reduction* (Available at http://0-web.ebscohost.com.edlis.ied.edu.hk/ at 21/9 /2007)

Blatchford, P., Russell, A., Bassett, P., Brown, P. Martin, C. (2007). The effect of class size on teaching of pupils aged 7-11 years, *School Effectiveness and School Improvement*,18 , n2. 147-172.

Hanuskek, E. (1998). *The Evidence on class* (Available at http://0-web.ebscohost.com. edlis.ied.edu.hk/ at 10/9/2007)

Lo, M.L., Pong, W. Y., Pakey, C.P.M. (2005). For Each and Everyone: *Catering for individual Differences through Learning Studies, Hong Kong, Hong Kong University Press.*

Odden, A (1990). Class size and student achievement: *research-based policy alternatives in Educational Evaluation and Policy Analysis*, 12, n2, 213-227.

轉載自：廖佩莉（2009）香港語文教師在小班照顧學生個別
差異的教學策略調查研究,《華文學刊》,7(2),100-115。

第三章
促進學習的語文評估

理念與實踐：香港小學中國
語文科教師對語文評估的意見調查

前言

　　近年，香港推行教學和評估的改革，很多教師有機會參與不同的培訓課程，認識到語文教學和評估的新趨勢。筆者曾任教香港教育學院各個有關"語文評估"的單元，教師對實踐評估理念提出很多意見。本研究旨在反映本港小學語文科教師對評估理念的認識及其實踐的情況。研究經費來自香港教育學院中文學系研究基金。

新課程評估的主要理念

　　新小學中國語文課程在二零零六年九月正式實施，其中一項重要的改革是語文評估。課程發展議會在二零零零年發表的《學會學習》提出了語文評估的新方向，其中有兩點值得注意：一是評估應回饋教與學；二是評估方式不應局限於測驗和考試，而是要多元化。

評估應回饋教與學

　　評估可有不同目的，一般是用作考查和甄別學生的程度，新課程所謂評估不僅是指考查學生實現課程目標的程度，還要藉此改進教學，改善課程設計，有效促進學生的語文發展。香港課程發展議會（2002）《基礎教育指引 —— 各盡所能，發展所長》所指的促進學習評估，正是強調評估要回饋教與學。學校應自行檢視現有的評估實施方式，加強促進學習的評估。教師在學與教過程中，找出和診斷學生在學習上的困難，進而提供有效的回饋，改善他們的學習。

香港課程發展議會（2004）《中國語文教育學習領域·中國語文課程指引（小一至小六）》用了更多篇幅說明語文評估的新趨勢，明確指出"促進學習評估"的重要性。指引認為，"有效的評估，可以為教師及學生提供有用的資料與數據，藉以調整課程設計與教學策略，提高學與教效能。"（頁55）。

多元化的評估

既然評估要有效回饋教與學，教師除了利用傳統的紙筆測試學生外，也應適當採用不同的評估模式，對學生在不同方面的能力和學習，有更全面的了解，從而改善教與學。新課程強調學生學習語文的知識和能力，須包括高層次思維能力、創造力、解決問題的能力與批判性思考能力。課程也強調培養學生學習語文的興趣，良好的態度和習慣。採用傳統紙筆測試，來評估學生的品德修養、對文學作品的感受、創造力、解決問題的能力、批判性思考能力等，未必能得到最佳的效用。因此香港課程發展議會（2002）在《中國語文教育學習領域課程指引（小一至中三）》文件中建議學校應採用不同的評估方式，例如教師可因應不同的評估重點，採用觀察、討論、訪問、口頭匯報、互評、專題研習與學習歷程檔案等來評估學生的語文能力與學習態度；教師在日常的課堂活動中蒐集學生的學習顯證，全面反映學生的學習進度和成效，從而回饋學與教。

相關研究

本港有關中國語文科評估理念的研究並不多見，相關的研究大多集中在語文課程（例如何文勝，2001；施仲謀，2003）和教法（例如葉國洪、李子昂，2003；梁振威，2003）。但其實課程、教法與評估是一個不可分割的整體，所以，評估也要肩負着提高學與教的素質的重要使命。

教師在語文評估改革中佔有重要的角色，他們是語文評估的策劃者、推動者和執行者。如果沒有教師的實踐和意見，改革都是紙上談兵，不切實際的。有關本港教師對語文評估理念和實踐的研究是寥寥可數。當中 Cheng（1999）曾研究中學教師對英文科評估觀念的轉變主要是受考試主導的"倒流效應"的影響。至於有關小學教師對中文科最新評估意見的研究，則未見諸文獻。因此，本研究便嘗試在這方面做些探討工作。

研究的問題和方法

本研究問題主要有以下兩個：

1. 教師對語文評估新趨勢理念的認識和實踐是否配合？

2. 教師在現行語文評估遇到甚麼的困難？

本研究採用定量研究（Quantitative Approach）和定質研究（Qualitative Approach）兩種調查方式。定量研究方法是採用問卷調查方式；定質研究方法是採用與教師面談方式。研究對象是香港小學中國語文科教師，選取 2005-2006 年度，修讀香港教育學院中文學系舉辦的小學語文科教師專業進修課程的學員為研究樣本。

研究結果及討論

定量研究是採用問卷調查方法，派發了九十份問卷，收回八十份，回收率達百分之八十九。填寫問卷的教師是來自不同的學校，他們具有不同的教學年資，最少具有一至五年教學經驗（佔 8.8%），最多具有二十一年或以上的教學年資（佔 12.5%），大部分（62.6%）教師具六至十五年教學經驗，餘下的（16.3%）有十六至二十年的教學年資（見表一），教學經驗豐富。

表一：教師的教學年資

年資	百分比
1-5 年	8.8%
6-10 年	38.8%

11-15 年	23.8%
16-20 年	16.3%
21 年或以上	12.5%

　　填寫問卷的教師在校有不同的職務（見表二），課程發展主任（同時任教語文科）、課程發展主任（沒有任教語文科）、科主任、級別聯絡人、語文科教師（沒有負責語文科行政工作），可見本研究的對象涵蓋工作範圍相當廣泛，具一定的代表性。

表二：教師的行政和工作安排

職位	百分比
課程發展主任（同時任教語文科）	3.8%
課程發展主任（沒有任教語文科）	2.5%
科主任	23.8%
級別聯絡人	22.5%
語文科教師（沒有負責語文科行政工作）	47.5%

　　本研究也採用訪談的方法，訪問六位教師，他們來自不同的學校，教齡在五年以上，對教學工作有相當認識，對本研究獲得深入而準確的資料大有幫助。本研究引述各受訪者的意見時，將以教師1、教師2、教師3、教師4、教師5、教師6為六名受訪者的代號。

一、理念與實踐的矛盾

　　部分教師認同指引中提出的理念，但對評估理念的實踐卻有保留。根據表三的數據顯示，有一半教師（50%，項2）滿意現行課程指引中有關中國語文科的評估模式的建議，超過半數教師（57.6%，項1）認為專題研習的評估理念很不錯。大部分教師（65%，項3）認為新課程倡議的評估機制能提升學與教的效能。

但是教師對怎樣實踐新語文評估卻認識不多。例如只有大約四成的教師（41.3%，項4）對"專題研習"的評估方式有充分的認識，只有21%的教師（表三，項5）對"學習歷程檔案"（portfolio）有充分的認識。教師經常讓學生自我評估則佔21.3%而已（見表四，項4）。由此可見大部分教師未能充分掌握不同的評估方法。

表三：語文教師對新評估理念的意見

項目	回應人數（所佔百分比）					平均值 (S.D.)
	1	2	3	4	5	
1. 我認為專題研習的評估理念很不錯	1 (1.3%)	9 (11.3%)	24 (30.0%)	43 (53.8%)	3 (3.8%)	3.24 (0.75)
2. 我滿意現行課程指引中國語文科的評估理念	2 (2.5%)	0 (0.0%)	38 (47.5%)	32 (40.0%)	8 (10.0%)	3.25 (0.74)
3. 新課程倡議的評估機制能提升學與教的效能	1 (1.3%)	3 (3.8%)	24 (30.0%)	48 (60.0%)	4 (5.0%)	3.64 (0.70)
4. 我對"專題研習"的評估方式有充分的認識	0 (0.0%)	11 (13.8%)	36 (45.0%)	30 (37.5%)	3 (3.8%)	3.31 (0.76)
5. 我對"學習歷程檔案"（portfolio）有充分的認識	4 (5.0%)	20 (25.3%)	38 (48.1%)	14 (17.7%)	3 (3.8%)	2.9 (0.89)

（1：代表非常不同意　2：代表不同意　3：代表沒有意見　4：代表同意　5：代表非常同意）

表四顯示部分教師（23.8%，項1）認為"促進學習的評估"容易在日常語文教學上施行，57.5%卻表示沒有意見，可見教師對實踐"促進學習的評估"仍存保留的態度。只有26.3%（項5）教師認為能實踐"促進學習的評估"的理念。

表四：語文教師對新評估趨勢的實踐

項目	回應人數（所佔百分比）					平均值 (S.D.)
	1	2	3	4	5	
1. "促進學習的評估"容易在日常語文教學上施行	1 (1.3%)	14 (17.5%)	46 (57.5%)	18 (22.5%)	1 (1.3%)	3.05 (0.71)

2. 新課程倡議的評估機制給教師帶來壓力	0 (0.0%)	5 (6.3%)	17 (21.3%)	43 (53.8%)	15 (18.8%)	3.85 (0.80)
3. 新課程倡議的評估機制給教師帶來額外的工作	0 (0.0%)	4 (2.0%)	16 (20.0%)	39 (48.8%)	21 (26.3%)	3.96 (0.82)
4. 我經常讓學生自我評估	3 (3.8%)	17 (21.3%)	43 (53.8%)	15 (18.8%)	2 (2.5%)	2.95 (0.81)
5. 我能實踐"促進學習的評估"的理念	3 (3.8%)	17 (21.3%)	39 (48.8%)	21 (26.3%)	0 (0.0%)	2.98 (0.80)

（1：代表非常不同意　2：代表不同意　3：代表沒有意見　4：代表同意　5：代表非常同意）

　　同時新的評估帶給教師的壓力也不少，超過七成教師同意新課程倡議的評估機制給他們帶來壓力（見表四，72.6%，項 2）和給他們帶來額外的工作（見表四，75.1%，項 3）。

　　雖然在問卷調查中，教師認為新評估模式帶給他們壓力，但是大部分受訪教師（六分之五）均認同新評估理念。其中一位教師說：

　　"新評估理念很不錯！我很認同促進學習的評估的理念，但是要落實這些理念，我卻不知道要用甚麼方法！"（教師 3）

　　由此可見，教師對新評估理念並不抗拒，這較以往很多教師甚為抗拒"目標為本課程"有關評估理念，已有明顯的進步。無可否認，現時的教師對評估理念開放了，這可能與他們學歷的提升，參加研討會和進修的機會增多有關，所以他們的思想能配合教改的理念。可惜他們未能將認識理念轉化為實踐的層面。教育機構宜在這方面培訓教師不足之處，多舉辦教師對評估實踐的分享會，討論評估事例，讓教師明白怎樣具體落實評估的理念。

二、應用多元化評估方法的困難

　　《課程指引》強調評估學生不應只注重評估學生的語文能力，教師也應評學生的情意態度。但大部分受訪者（三分之二）認為現時的中國語文評估大都側重評估學生的聽說讀寫能力，因為這是較容易做的評估工作，至於情意態度則是較難評估的，其中一位受訪者說：

"中國語文科其實有些課文內容有涉及培養學生的態度，但是教師沒有刻意去評估學生的態度，……其他如學生的溝通能力、協作能力、表達能力也沒有刻意去評估他們。"（教師5）

《課程指引》強調多元化評估的方法，例如校方可加入學生的自評、互評和家長對子女學習的評估，但大部分受訪者（四分之三）認為他們都不大注重這些評估方法。其中兩位受訪者自稱對這類評估認識不深；另外有兩名受訪者認為家長未必會全部接受新的評估模式，他們表示：

"現時家長未必接受以專題研習或以活動表現評分呢。"（教師6）

"不是所有家長都樂意和教師合作去評估學生的表現！"（教師1）

家長未必全部接受新的評估模式是不難理解的，基於他們對新課程的評估認識不深，加上在這個新舊交替時期，對傳統以測試為主導的評估模式較具信心是十分正常的。不過，綜合受訪者對現行評估情況的意見，發現目前仍有不少問題有待教育工作者、學生、家長等共同努力去解決和克服。

三、考試"倒流效應"影響評估理念的實踐

統局現時已在小學三年級和六年級中英數三科實行"全港基本能力評估"（TSA），雖然教統局一再強調學生在"全港基本能力評估"的成績不會用作"殺校"的依據，也不影響學生的升中派位，但教師卻深受考試"倒流效應"的影響。所謂"倒流效應"是指由於學生要應付考試，教師會因應考試的內容和形式進行施教，這無疑是以考試作主導的教與學。

教師擬題，也以公開考試的試題為藍本。表五顯示教師認為在擬題時最重要的參考材料是基本能力評估的試題（平均值為4，表示教師確認其重要性）、其次是坊間的練習（平均值為3.59）、自行設計的練習（平

均值為 3.5）、教科書內的練習（平均值為 3.27）。可見"全港基本能力評估"試題是教師擬題時非常重要的依據。

表五：語文教師擬題時的參考材料

項目	回應人數（所佔百分比）					平均值 (S.D.)
	1	2	3	4	5	
1. 自行設計的練習	2 (2.5%)	10 (12.5%)	20 (25%)	35 (43.8%)	13 (16.3%)	3.59 (0.99)
2. 教科書內的練習	6 (7.5%)	8 (10.0%)	30 (37.5%)	29 (36.3%)	6 (7.5%)	3.27 (1.10)
3. 基本能力評估的試題	2 (2.5%)	3 (3.8%)	12 (15%)	39 (48.8%)	24 (30.0%)	4.00 (0.91)
4. 坊間的練習	1 (1.3%)	9 (11.3%)	23 (28.8%)	36 (45.0%)	11 (13.8%)	3.59 (0.91)

（5：代表最重要　1：代表最不重要）

　　就教學而言，有三分之二受訪者對認為"全港基本能力評估"影響他們教學，他們發揮教學的空間甚少。其中二位教師說：

　　"為了應付 TSA 試，我扭曲了我的整個教學……課堂上所用的教學法變成要配合學生應付公開試考試的需要，很多有用的教學法也用不着呢！發揮教學的空間相對地減少了！"（教師4）

　　"三年級和六年級的學生，上課時大都訓練他們應付 TSA 試！星期六上午和平日放學，也要為他們補課，給他們做 TSA 練習呢！我根本沒有時間給他們自評和互評！"（教師2）

　　給學生操練"全港基本能力評估"試題，並不是教統局實行能力評估的原意，無奈考試的"倒流效應"影響了教與學。其實"倒流效應"並不一定帶來負面影響，影響也可以是正面的，例如是"全港基本能力評估"的試題注重高層次思維的評估。若教師能在日常的教學加入這類提問，可加強學生高層次思維的訓練。其次教師可運用學生在"全港基本能力評估"的成績，分析他們的學習得失，從而改善自己的教學，以達到促進學習評估的目的。可惜本研究發現教師未有提及“倒流效應”的正面影響，反而是教師為了應付“全港基本能力評估”，常給學生操練式的練習和補課，妨礙了教師實行多元化的評估。

建議和總結

綜合上述討論，可以發現，目前本港不少小學中文科教師認同新的評估理念，這對語文評估改革無疑是起到積極的意義。但是教師對於如何落實新的評估理念，他們仍是存有疑問的。原因有二：一方面是教師對多元化評估的方法認識不深，例如教師不知如何指導學生建構學習檔案和怎樣幫助學生進行自我評估。另一方面是新評估理念的落實受客觀環境的影響，例如家長未必認同理念，學校仍然注重總結性考試或公開考試。最明顯的要算是近年實行“全港基本能力考試”，它的“倒流效應”，影響教師課堂教學。教師將大部分時間花在指導學生應付“全港基本能力考試”，卻忽略了對學生全面性評估和運用多元化評估方法。即使有些教師嘗試使用不同形式的評估方法，例如課堂觀察、學生互評等，很多時候只屬教師的個人行為，這些評估是隨意的，成效並不顯著。怎樣幫助教師落實新評估理念？怎樣幫助家長認識新評估理念？教師可以怎樣善用“倒流效應”的正面影響而達到“促進學習評估”？凡此種種，都值得教育界同工深思。

要幫助教師落實新評估理念，教師培訓機構除了要為教師籌備工作坊和研討會介紹評估理論之外，不妨幫助教師在學校進行有關的行動研究。例如學習檔案的應用、教師實施促進學習評估的策略、同儕評估和自我評估的成效都是很具意義的研究題目。本港教育界提出的評估理念已進入實施推廣階段，如果理念不與實踐相聯繫，只是一種美好的設想而已！英國劍橋大學學者 McIntyre（2005）認為理論研究須聯繫實踐。國內北京大學學者陳向明（2006）指出只有教師從實踐中發現的理論和知識，他們才會考慮是否需要改變自己既定的教學行為或價值觀。教師在教學環境下進行研究，反思自己的教學，提出可行的建議，才能脫離理論的層面。

教師參與行動研究是需要支援的，所以由專家組成支援小組可與教師一起研討和評課，幫助教師反思怎樣落實在課堂中的評估。研究成果可在研討會和網上公開討論，讓沒有參與行動研究的教師也可分享，啟發他們對實踐評估理念的興趣。

校長對教師的支持也是很重要的。教師要有效實施多元化評估，學校的政策應多加配合。校長可在家教會向家長介紹多元化評估的意義和學校實行的策略，讓家長明白語文評估的新趨勢。校長可實施“校本評估”，將學生的多元化評估分數加入總結性評估（考試分數）。雖然此部分分數在總結性評估分數中不應佔大比重，但卻或多或少影響學生整體成績。這種“倒流效應”便會影響教師和家長也因此重視多元化評估，這無形中提升了多元化評估的重要性。

雖然研究發現教師對實踐新語文評估理念是有困難的，但是這些困難是可以理解的。香港近幾年才提出新語文評估理念，理念是要經過長時間實踐和驗證的。要確切落實新語文評估的理念，教師培訓人員、校長、教師和家長多方面的支持和配合是不可或缺的。

參考書目

陳向明（2006）《參與式行動研究與教師專業發展》，取自 http://80-cjn.lib.hku.hk.edlis.ied.hk

何文勝（2001）《世紀之交中國語文課程改革評議》，香港：文化出版社。

梁振威（2003）《香港小學中國語文課程與教學研究》，北京：語文出版社。

施仲謀（2003）從中學語文教學到大專中文課程，載於余廼永，何文勝（編）《語文課程革新與教學實踐》，香港：香港中文教育學會出版。

香港課程發展議會（2000）《學會學習》，香港：香港印刷局。

香港課程發展議會（2002）《中國語文教育學習領域課程指引（小一至中三）》，香港：香港印刷局。

香港課程發展議會（2002）《基礎教育指引——各盡所能，發展所長》，香港：香港印刷局。

香港課程發展議會（2004）《中國語文課程指引（小一至小六)》，香港：政府物流服務署。

葉國洪、李子昂（2003）應用"疑難為本學習法"於小學推行環境教育及語文寫作教育，載於余迺永，何文勝（編）《語文課程革新與教學實踐》，香港：香港中文教育學會出版。

Cheng, L. (1999). Changing assessment: washback on teacher perceptions and actions. *Teaching and Teacher Education*, 15(3), 253-271.

McIntyre, D. (2005). Bridging the gap between research and practice. *Cambridge Journal of Education*, 35(3), 357-382.

轉載自：廖佩莉（2007）理念與實踐：香港小學中國語文科教師對語文評估的意見調查，《教育曙光》，55(1)，51-58。

促進學習評估：
中學中國語文科教師對此認識有多少？

　　時代不斷改變，課程、教學和評估也在不斷發展和改進。傳統以紙筆測考的評估模式須作出改變，才能配合社會的發展和教改的要求。嶄新的評估理念和模式是當今中學中國語文科課程改革的重要課題。"促進學習評估"是其中一項重要的改革。究竟現時中學中文科教師怎樣運用評估來促進學生的學習？他們對"促進學習評估"的認識有多少？本研究旨在反映本港中學中文科教師對"促進學習評估"理念的認識及其實踐情況，從而希望從中得到一些啟發。本研究經費來自香港教育學院中文學系研究基金。

一、文獻綜述

1. 促進學習評估的意義

　　評估具有不同的目的，有測量、診斷、回饋和篩選等的作用，但二零零零至二零零六年香港特區政府發佈的課程文獻中，卻特別強調"促進學習評估"。"促進學習評估"的觀念早在 2000 年香港課程發展議會發表的《學會學習 —— 課程發展路向》和 2001 年發表的《中學中國語文課程指引》的文獻中已有記載。該等文獻提及評估是學習／教學的整個過程中，不可分割的一部分，而不是在結束教學時另外進行的工作。評估有助學生學會學習，它是基於每個學生都可改進的信念。[1] 因此評估並不單是評估學生表現（結果）的表層意義，而是為改進學生學習的深層意義。

1　香港課程發展議會：《學會學習 —— 課程發展路向》（香港：政府印務局，2000 年，第 1 版），頁 38。

　　"促進學習評估"一詞正式見於 2002 年香港課程發展議會的《基礎教育指引——各盡所能，發展所長》一書中。"促進學習評估"是指教師在學與教過程中，找出和診斷學生在學習上遇到的困難，進而提供有效的回饋，使學生改善他們的學習。[2] 而在最新 2006 年訂定的《中國語文教育學習領域新高中課程及評估指引（諮稿）提要》重申評估的其中一個重要目的是促進學習。

　　在這些政府文獻中所指的評估意義確實是提升了——由過往注重評估學生的學習表現轉變為強調評估是為促進學生學習。這與過往學校、教師和家長認為評估的主要目的在於測量和篩選學生的能力有所分別。促進學習評估強調的是：評估學生後，教師、學生和家長能善用評估所得的資料幫助學生學習和提高他們的學習效能。

　　可是政府文件較少討論具體落實促進學習評估的深層意義，外國文獻可彌補這方面的不足。從外國文獻所見，促進學習的評估可視為學習（Assessment as learning）（戴恩 [Dann]，2002），意思是指評估是學生學習的一部分，學生須參與其中，他們可發展自我評估的技巧。教師須明確顯示評估標準（薩頓 [Sutton]，1995，頁 68），一方面是提醒學生完成課業要注意的地方，然後評估他們學習的成果，給予回饋；另一方面學生須積極參與評估的過程（查珀爾等 [Chappuis et, al.]，2005），根據評估標準而進行自評和互評，從中反思所學。更理想的做法是評估學生時能鼓勵他們作出改進，他們可訂下一個學習目標，努力學習，從而培養他們日後養成終身學習的習慣（薩頓 [Sutton]，1995）。

　　綜合所論，本研究將"促進學習評估"意義簡化為：教師運用不同的評估方式評估學生，從中可評定自己教學的效果和改善教學，幫助學生學習。學生根據評估準則，了解自己的學習情況，從而提升自我學習的能力。

2　香港課程發展議會：《基礎教育指引——各盡所能，發展所長》（香港：政府印務局，2002 年，第 1 版），第五章，頁 1。

2.　促進學習評估的策略

斯蒂甘茨（Stiggins, 2002）認為"對學習的評估"和"促進學習評估"可簡單比喻為總結性評估與形成性評估。其實無論是總結性評估或是形成性評估，兩者的資料和數據可以幫助改善教師的教學和學生的學習，都是促進教與學的評估策略。

薩頓（Sutton, 1995）認為促進學習評估的策略是教師必須先釐訂教學計劃，然後在教學的過程中監控學生的學習。要了解學生學了甚麼，教師必須將評估學生的學習成果，記錄下來。記錄的目的一方面是用來公佈評估結果；另一方面是提供評估數據給教師加以分析，從而再修訂教學計劃。評估是與教學計劃，監控學習有相互的連繫，是不斷循環的（見下表）。

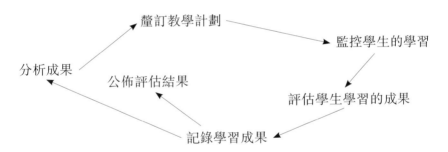

教師可根據學生總結性評估的結果來分析，重整教學計劃。例如第一期考後學生的成績可帶給教師一些反思，從而修訂教學計劃。但是有學者（王華，富長洪，2006）認為總結性評估是檢驗教學成果的一個重要手段，但無法評價教學過程這一重要環節。巴克曼和帕默（Bachman and Palmer, 1996）批評總結性評估雖能提供學生學習成績，但卻缺乏教學過程的指導和監控作用。而形成性評估則彌補了這方面的不足：通過形成性評估的各種手段和方法，教師可以不斷獲取反饋信息，及時調整教學過程或方法，促進學生的高效學習。

形成性評估較總結性評估容易認識學生學習的進程。形成性評估可分兩類，一是連續的小測評核學生的學習過程；二是將評估融入日常教學中，後者比前者更能扣緊評估和教學的關係。

　　波帕姆（W. James Popham, 2003）認為教師可利用課堂小測驗的結果，反思學生的學習和改善自己教學的不足。巴克曼和帕默（Bachman and Palmer, 1996）具體指出教師給學生小測後，可就他們在小測的表現來調整教學方法和選取教材，以配合學生的需要。至於如何將評估融入日常教學中，布萊克等人（Black et al., 2003）認為教學方法必先要有轉變。教學不應是以教師為主導。教師在課堂活動中應多觀察學生的表現和多用時間記錄他們的學習進程（戴恩 [Dann]，2002）。布萊克和威廉（Black and William, 1998）建議教師可從提問、回饋、分享評分標準、自評等來進行日常學習的評估。其中的分享評分標準是很重要的，哈林和詹姆斯（Harlen and James, 1997）強調形成性評估的關鍵是認清學生現有水平和學習目標之間的差距。學生如能清楚評分標準，他們甚至可自行探索和比較自己和標準之間的差距。

3. 相關研究

　　近年兩位著名研究學者布萊克和威廉（Black and William, 1998）指出：有大量證據顯示，形成性評估是課堂教學的重要部分，合適的使用將會提升學生的學習成就。布朗和基爾南（Brown and Kiernan, 2001）調查形成性評估對教學項目的影響及如何促進教學發展，結果是十分正面的。布萊克等人（Black et al., 2003）的研究證明評估能有效地實踐在課堂活動中，促進學生學習。

　　周志堅（2002）的研究指出結合總結性評估和形成性評估，能提高學生學習英語的興趣，積極提高學生英語口語的表達能力，以達致促進學習的目的。本港有關在中文科評估的研究並不多，而中文科教師對"促進學習評估"的認知和實踐的研究，更未見諸文獻。因此，本研究便嘗試在這方面做些探討工作。

4. 研究目的和方法

　　要成功推行中文科促進學習評估，必先要了解教師對理念的認識有多少。本研究旨在探討香港中學中國語文科教師對促進學習評估的認識，從而提出優化"促進學習評估"的具體建議。本研究的問題是：

1. 中文科教師怎樣理解"促進學習評估"的意思？
2. 中文科教師怎樣實踐"促進學習評估"的理念？

本研究樣本選自 2006-2007 年度修讀香港教育學院中文學系主辦的中學語文科教師專業進修課程的學員。研究採用定量研究（Quantitative Approach）和定性研究（Qualitative Approach）兩種調查方式。定量研究方法是採用問卷調查方式，本研究派發了一百五十份問卷，收回一百二十三份，回收率達百分之八十二。定性研究方法是採用與六位教師面談方式，他們來自不同的學校，教齡在五年以上。研究引述各受訪者的意見時，將以教師 1、教師 2、教師 3、教師 4、教師 5、教師 6 為六名受訪者的代號。

二、結果和討論

1. 對促進學習評估的理解

下表一顯示雖然絕大部分教師認同評估學生是讓他們知道自己當前的學習情況是重要的（95.2%），教師應以衡量學生是否有進步為評估重心（83%）。大部分教師贊成評核後必須給予學生一些文字或口頭回饋（77.2%）。其實這些想法已部分符合了"促進學習評估"的理念。但是有趣的是研究發現只有很少教師（10.5%）表示他們認為能掌握"促進學習的評估"的理念，59% 教師表示沒有意見。可見部分教師對"促進學習評估"的理念還未十分理解，認為自己對理念的認識還是不足的。

表一：中文教師對促進學習評估的理解

項目	回應人數（所佔百分比）					平均值 (S.D.)
	1	2	3	4	5	
1. 我能掌握促進學習評估的理念	3 (2.4)	22 (18.0)	72 (59.0)	21 (7.2)	4 (3.3)	3.01 (0.76)

	1	2	3	4	5	
2. 讓學生知道自己當前的學習情況是重要的	0 (0)	0 (0)	6 (4.9)	51 (41.5)	66 (53.7)	4.49 (0.59)
3. 應以衡量學生是否有進步為評估重心	0 (0)	0 (0)	21 (17.1)	67 (54.5)	35 (28.5)	4.11 (0.66)
4. 評核後必須給予學生一些文字或口頭回應	1 (0.8)	5 (4.1)	22 (17.9)	72 (58.5)	23 (18.7)	3.90 (0.77)

（1：代表非常不同意　2：代表不同意　3：代表沒有意見　4：代表同意　5：代表非常同意）

　　訪談所得的資料，與問卷所得的數據是可以互相引證的。只有一半教師認為能掌握促進學習評估的理念。六位受訪者中，有一位教師坦言不知道促進學習評估的意思；有一位教師對促進學習評估是誤解的；其餘的教師對促進學習評估的理解如下：

"評估本身能夠幫助學生學習。"（教師1）

"促進學習評估是讓學生知道自己甚麼地方學得好，甚麼地方學得不理想，從而自己懂得怎樣改善。"（教師3）

"促進學習評估是令學生可以在評估中得到一些回饋。"（教師4）

　　這些教師對促進學習評估已有基本認識，但他們卻忽略了兩個重點。首先教師大都是從學生的角度來看，學生從評估中獲得回饋，從而提升學習能力，他們較少從教學的角度來理解促進學習評估的含意。其實教師可從評估學生來評定自己教學的效果，從而改善教學。其次，教師較忽略了促進學習評估的深層意義，即是教師從評估中鼓勵學生下次再作出改進，學生可為自訂的下一個學習目標而努力，從而培養他們成為終身學習者。

2. 促進學習評估的實踐

　　大部分教師認同中文科評估活動離不開單元測驗（74.8%）和期考（83.5%），也有超過六成教師（67.5%）有實行日常課堂評估，但用專題研習作為評估活動的則只佔18%。紙筆測考仍是語文評估的主要方法。

2.1　紙筆測考後的跟進

　　促進學習評估強調對學生在評估後的跟進。表二顯示大部分教師認為在改試卷後會跟學生核對答案（70.5%），檢討教學的得失（79.7%），分析學生的表現（89.4%）。超過六成教師會在改試卷後修訂教學計劃（64.8%）。這與薩頓（Sutton, 1995）提出教師可將評估數據加以分析，從而修訂教學計劃的建議吻合。

表二：中文科教師改試卷後的跟進活動

項目	回應人數（所佔百分比）					平均值 (S.D.)
	1	2	3	4	5	
跟學生核對答案	0 (0)	9 (7.4)	27 (22.1)	50 (41)	36 (29.5)	3.93 (0.90)
分析學生的表現	0 (0)	2 (1.6)	11 (8.9)	42 (34.1)	68 (55.3)	4.43 (0.72)
檢討教學的得失	1 (0.8)	2 (1.6)	21 (17.1)	61 (49.6)	37 (30.1)	4.07 (0.78)
修訂教學計劃	1 (0.8)	14 (11.5)	28 (23.0)	54 (44.3)	25 (20.5)	3.72 (0.94)

（1：代表非常不重要　2：代表不重要　3：代表沒有意見　4：代表重要　5：代表非常重要）

　　大部分受訪者認為測考後的跟進作用是給予學生回饋和輔導，以下是一位受訪者的意見：

　　"考試或測驗後，我會給學生回饋，以前的回饋是對卷……現在給予的回饋是比較透徹的，我會告訴他的問題所在，然後商討他可以怎樣做！"（教師5）

　　另一位受訪者認為要有不斷的測試和跟進，才能促進學習。

　　"學生在小測中能反映他們的能力……我可以告訴他哪裏得不到高分，他們的學習欠缺了甚麼，他要做少許改正，或者在另一小測中或在考試中再出類似題目。"（教師4）

受訪者強調回饋是為學生應付再測考的來臨，即是說回饋是為測考服務，強調學生在測考中所得的分數。這樣的做法會產生副作用：其一是學生面對不同的測考（單元測驗、期考、大考等），承受很大的壓力；其二是過多測考，會令學生失去學習的興趣。教師以測考來操練學生是可以理解的，原因是香港的社會和教育制度是重視學生的會考成績。然而評估不應只以測考為主，教師在課堂設計的活動，也可評估學生，並給予輔導，這種評估是顧及學生學習的興趣和需要呢！

2.2 課堂的評估活動

雖然在有超過六成教師（67.5%）在日常課堂評估學生，但卻只有 20.5% 教師認同"促進學習的評估"容易在日常語文教學上施行，55.7% 卻表示沒有意見，這正好說他們仍存有保留的態度。在課堂上給予學生進行自我評估活動的機會也不多，只有 18% 教師經常讓學生自我評估，超過半數的教師（52.2%）表示沒有意見。事實上教師對課堂的評估活動認識是不深，例如只有 22.8% 的教師認為對學習歷程檔案評量有深刻的認識，約三成多教師對學生"自評"和"互評"有深刻的認識。

雖然如此，大部分受訪的教師承認他們在課堂上是有運用提問、分組、給學生回饋來促進他們的學習，以下是一些教師舉例說明促進學生學習聽、說、讀、寫的課堂評估活動。

閱讀教學：

"學生朗讀文章後，我會給予意見，告訴他可怎樣讀得更好，然後再請下一位學生朗讀。"（教師 1）

說話聆聽教學：

"我在中四的一班做過小組討論，是說話訓練。我約了兩組學生，每組約四位，一組做說話訓練時，另一組就要聆聽和觀察……並寫下對方說話的特點……然後兩組互相批評表現。學生除了得到我的回饋，還有同學的回饋。"（教師 6）

寫作教學：

"學生有他們的作文夾，用來記錄他們每次的作文。每一次我要求學生做診斷，教師預先準備一些工作紙……學生便根據工作紙上的項目評估自己的寫作表現，然後老師才給意見。"（教師4）

受訪教師在日常課堂中加入了不同類型的評估活動，確能加強教師與學生之間，學生與學生之間的互動，這些互動對學生的學習有一定的幫助。但可惜的是這些不同的評估活動是隨意的，教師沒有作持續性和系統性的紀錄。這樣的做法各有利弊：優點是教師只須隨意進行對學生的評估，沒有那麼多的學生記錄要處理，他們的工作壓力是減少了；弊病是欠缺學生在學習過程上的紀錄，學生未能在課堂活動中明白自己學習的進程，對自己的學習作出分析。"促進學習評估"的理念是幫助學生學習，所以一些重要的學生紀錄是需要的，但卻不是所有學生在課堂的表現也要做記錄的。

2.3 語文評估的規劃

大部分（4位）受訪教師表示現行學校的語文評估計劃是割裂的，聽、說、讀、寫只有個別範疇的評估規劃，各範疇是各自分割的。其中一位教師說：

"譬如我們是有寫明讀的範疇在一學期中有多次少評估，寫的又評估多少次……但是卻沒有四個範疇的整體規劃。"（教師4）

學生平時的表現，也會計算在評估中，但大多以分數為主，較少涉及用文字記錄學生課堂的表現。另一位教師表示：

"……在持續性評估中，我們會訂定平時默書分數佔考試成績的百分比，學生在單元測驗中取得的最高分數也佔考試成績的若干百分比。"（教師2）

小部分（2位）受訪教師表示任教的學校是沒有評估計劃的。但是卻常和同級任教教師商量怎樣評估學生，評估地圖已在他們的心中。從受訪者的談話中，可見學校的語文評估計劃並不完備，在課程規劃中沒有詳細考慮整體的評估計劃。

三、總結和建議

研究發現教師對"促進學習評估"的理念只有初步基本認識,但對"促進學習的評估"的深層理解卻不足。他們對理念的實踐大多是以測考來促進學生學習。雖然他們也有在課堂評估學生,例如提問和給予回饋,但卻欠缺完備形成性評估的規劃和記錄。以下的建議是幫助教師優化實踐"促進學習評估"的理念。

1. 設立機制:評估計劃

教師在釐訂教學計劃時,可考慮加入評估計劃。評估計劃應包括總結性評估和形成性評估。計劃應列明總結性評估的目標,教師須對學生在特定時期的學習作整體的評估。教師也可互相商量形成性評估的目的,記錄的形式(課堂練習、觀察、討論、小測、經驗分享、報告、學生自評和互評等)和每類評估次數。教學計劃和評估計劃是互相配合的。教師要靈活運用課堂的教學和評估策略,若教師評估學生在課堂的表現不理想,他們便可在教學計劃中作出調適。所以教學計劃和評估計劃是互相影響和互動的,兩者的規劃是可修訂的。

教師在制訂評估計劃時,應緊扣形成性評估和總結性評估的關係,全面兼顧聽、說、讀、寫四大範疇,照顧級與級之間課程與評估的關連性。教師宜避免出現下列三種不同的斷層。

首先是形成性評估和總結性評估的斷層,教師在日常教學中對學生的評估(形成性評估)是幫助他們逐步應付總結性評估,所以形成性評估應銜接總結性評估。形成性評估是服務於總結性評估,兩者必須緊扣。學生的自評,互評也應有評估的準則,準則是大可依總結性評估目標而建構的。

其次是聽、說、讀、寫範疇的斷層。語文學習是一種綜合能力的表現,所以聽、說、讀、寫四範疇應有整體的評估規劃,不應是割裂的,是要互相配合。現時的語文評估大多側重讀和寫,較忽略說和聽的評估計劃。若然只集中其中一兩個範疇的評估計劃都不算是全面的語文評估。

再者是級與級之間課程規劃的斷層。學生的語文能力是累積的，所以級與級之間的教學計劃和評估計劃是應互相銜接的。現時的課程規劃是以級為主，教師很重視該年級學生應學甚麼。但是教師宜在課程規劃和設計評估計劃時多考慮螺旋式學習的理論，以便跟進學生在上一年級的學習困難和需要。

2. 教師培訓模式改變

本研究發現很多教師對促進學習評估的理念認識不深。教育當局和師訓機構，除了舉辦研討會和工作坊外，更重要的是讓教師有機會在實際課堂上實踐和探索促進學習評估的理念。由於促進學習評估是注重日常課堂上的評估，所以教師在教學上怎樣實踐是改革成敗的關鍵。因此教師培訓模式可作出一些改變：由中央集體培訓到個別校本培訓。師訓機構人員和教育專家可和教師一起根據學生的需要，制訂在學校試行促進學習評估的策略。同時師訓機構人員透過觀課，根據教學的實況而提出建議。教育界也可和學校合作一起進行教研，然後與其他學校分享課堂實踐的成果，啟發其他學校的教師對實踐"促進學習評估"的認識。

3. 教師在評估角色上的改變

教師在評估體系中的角色是要改變的：由傳統的總結性評估的執行者轉變成有效、可行的評估工具的探索者和實驗者（李靜，2006）。本研究發現教師仍然只是總結性評估的執行者。要有效實踐促進學生評估的理念，教師應是學生進行自主評估的指導者。同時教師也是一個觀察員，原因是語文學習是一個很複雜的過程，教師是要長時期對學生的學習作出觀察，才能訂定具體細緻的評分準則和表現指標。要觀察學生學習的表現，教師必須改變教師為主導的教學。因為只有從活動中才能有機會細微地觀察學生的學習。一般以教師講授為主導的課堂，學生是被動，要觀察和評估他們的表現是較困難的。

4. 其他支援

要能有效地實行"促進學習評估"的理念,教師在課堂和評估角色上的轉變是需要作出的支援的。教師需要更多時間和空間設計課堂和評估活動,他們也需要長時間觀察、記錄學生學習的進程、修訂教學設計、改善教學等等。減少每班師生比例,增聘語文教師,增加教師在校內和校外的交流機會,都是有效地支援教師的做法。

傳統語文評估只注意學生在測考中的表現,重視成果,是理性化的評估;促進學習評估的理念是緊扣課程、學生學習的過程和需要,是屬人性化的評估,這是語文改革的一大突破。這種評估現時正處於起步階段,筆者寄望未來有更多的研究可從落實促進學習評估這方面探索發展,例如教師如何給予學生有素質的回饋、教師怎樣訂定學生語文能力的準則、學生怎樣有效進行自評等課題,幫助教師優化實踐"促進學習評估"的理念。

參考書目

波帕姆(2003)《促進教學的課堂評價》,北京:中國輕工業出版社。

李靜 (2006) 建設語言自主評估材料 提高語言自主學習能力,《外語界》,113,60-72。

王華、富長洪(2006)形成性評估在外語教學中的應用研究綜述,《外語界》,114,67-72。

香港課程發展議會(2000)《學會學習 —— 課程發展路向》,香港:政府印務局。

香港課程發展議會(2001)《中學中國語文課程指引》,香港:政府印務局。

香港課程發展議會(2002)《基礎教育指引 —— 各盡所能,發展所長》,香港:政府印務局。

香港課程發展議會(2006)《中國語文教育學習領域課 新高中課程及評估指引(中四至中五)》,香港:政府印務局。

周志堅 (2002) 應用科學的評估體系提高學生口語能力,《福建教育學院學報》,02(7),91-92。

Bachman, L. F., & Palmer, A. S. (1996). *Language Testing in Practice*. Oxford: Oxford University Press.

Brown, J. L., & Kiernan, N. E. (2001). Assessing the subsequent effect of a formative evaluation on a program. *Evaluation and Program Planning, 2*, 129-143.

Black, P., Harrison, C., Lee, C., Marshall, B., & William, D. (2003). *Assessment for Learning: Putting it into practice*. Philadelphia: Open University Press.

Black, P., & William. D. (2005). Inside the Black Box: Raising Standards Through Classroom Assessment. In S. Chappuis, R. J. Stiggins, J. Arter & J. Chappuis (Ed.), *Assessment For Learning: An action Guide for School Leaders* (pp. 10-20). Portland: Assessment Training Institute.

Chappuis, S., Stiggins, R. J., Arter, J., & Chappuis, J. (2005). *Assessment For Learning: An action Guide for School Leaders*. Portland: Assessment Training Institute.

Dann, R. (2002). *Promoting Assessment as learning: Improving the learning process*. London and New York: Routledge Falmer.

Harlen, W., & James, M. (1997). Assessment and learning: differences and relationships between formative and summative assessment. *Assessment in Education, 1997* (3), 365-379.

Sutton, R. (1995). *Assessment for Learning*. England: RS Publications.

Stiggins, R. T. (2002). Assessment crisis: The Absence of Assessment for Learning. *Phi Delta Kappan, 83* (10), 758-768.

轉載自：廖佩莉（2009）促進學習評估：中學中國語文科教師對此認識有多少？，《中國語文通訊》，87-88，15-24。

"促進學習評估" 在中國語文科實行之我見

引言

　　"促進學習的評估"是近年教育改革的重點。根據香港課程發展議會（2002）《基礎教育課程指引 —— 各盡所能・發展所長（小一至中三）》所指的 "促進學習的評估" 是教師在學與教過程中，找出和診斷學生在學習上遇到的困難，進而提供有效的回饋，使學生改善他們的學習。"促進學習評估" 是結合教學與評估，以促進學生學習，是現時評估改革的趨勢。但可惜的是：在最近的一項研究（廖佩莉，2009），發現只有少數教師（10.5%）表示他們認為能掌握 "促進學習的評估" 的理念，可見很多教師對 "促進學習的評估" 的理念還未十分理解。本文先解説 "促進學習的評估" 的理念和分析它在中國語文科的重要性，然後提出促進中國語文學習評估的一些建議，希望藉此啟發教師思考如何改善教學和評估的方法，以促進學生的學習，從而優化語文教學的效能。

促進學習的評估

　　過往的評估主要是測量、診斷、評定和篩選學生的能力；但 "促進學習的評估" 強調的是：善用評估所得的資料幫助學生學習和提高他們的學習效能。從宏觀課程規畫的角度而言，"促進學習的評估" 的策略是教師必須先釐訂教學計畫，然後在教學的過程中監控學生的學習。要了解學生學了甚麼，教師必須將評估學生的學習成果記錄下來。目的除了是用來診斷學生的學習成果外，更重要的是提供評估數據給教師加以分析，修訂課程，促進學生的學習（Sutton，1995）。

　　從微觀的角度而言，教師可在總結性測考和日常課堂活動中評估學生的表現，從而改善自己的教學；學生能從評估活動中促進學習，他們可監控自己和評估別人的學習，甚至可自訂下一個學習目標。一般傳統的紙筆評估，通常在教師教完書後給學生進行測試，是教師告訴學生哪些是正確，哪些是錯誤。這類評估活動是一種集中式的評估（focused assessment），它的目的是在於測查某能力或成就水平（Paris & Ayres，2001）。但是這種評估並沒有讓學生反思或評估自己學習的態度和成果。"促進學習的評估"是學生可參與評估活動，這種活動是日常教學和學習的過程，能促進學生的思考，批評自己甚至他人的學習。學生能思考如何評價自己和他人的學習效果是一個有意義和高層次的學習過程，也能培養他們終身自學的能力。因此"促進學習的評估"是培養學生日後養成終身學習的習慣（Sutton，1995）。它不單是指評估活動可幫助提升學生的學習能力，而且也可改善他們的學習動機、態度和情感反應。

"促進學習的評估"在中國語文科的重要性

"促進學習的評估"是透過評估活動幫助學生學習。評估活動主要可分為兩類：總結性評估和進展性評估。總結性評估大多是用紙筆測考來評估學生的能力；進展性評估是在日常課堂活動中分析學生表現作評估。這兩類評估在中國語文科均能達致促進學生學習的作用。

一、"促進學習的評估"能幫助提升學生的語文能力

傳統總結性評估是用紙筆測考來評估學生的能力，教師能根據測考的結果，總結自己的教學成效，並改善自己的教學，從而幫助提升學生的語文能力。在總結性評估中，很多家長和學生所關心是測考後是否合格或是取得甚麼成績，下次的測考應要怎樣改善才能取得佳績。無可否認，傳統測考可以給學生一種推動力，能幫助他們重溫和鞏固所學，是促進學習的其中一種評估方法，能提升學生的語文能力。至於進展性評估是注重學生平日的學習表現，教師給予他們明確的回饋，使他們了解

自己的表現，明白自己的優點和需要改善的地方。例如學生在課堂上運用口頭作句，教師可即時給予口頭回饋，指出可怎樣將句子寫得更充實，所用形容詞是否得當等，這些回饋有助學生學習。中文科教師也會運用書面回饋（評語）來幫助提升學生的寫作能力。

二、"促進學習的評估"能培養學生的反思能力

"促進學習的評估"的深層意義是培養學生日後養成學習的習慣，這種習慣的養成，主要是學生能反思所學。"促進學習的評估"強調的是多元化評估，在日常教學中，讓學生有自我評價（自評）和同儕相互評價（互評）的機會。在自評和互評中，給學生經歷一個自我反省的過程，經歷一個總結經驗的過程，經歷一個自我提升的過程，這些過程是學習語文的重要元素。例如學生作了一篇記敘文，他們能從教師的回饋、自評和互評活動中，明白用甚麼準則來評量一篇優秀的記敘文。當他們閱讀或再寫一篇記敘文時，他們便能反思所學，懂得運用學過的準則來評批自己和別人的作品。因此，教師給予學生的回饋，自評和互評活動在日常課堂是非常重要的，"促進學習的評估"是日常教學的一部分。

對中國語文科"促進學習的評估"的建議

早在 2001 年，課程發展議會《學會學習 —— 課程發展路向》文件中指出："評估是學習與教學循環的一部分，而不是附着於教學階段之後。"（頁 72）課程、教法、評估是應互相配合的，才能達致促進學習的效能。究竟如何在小學中國語文科實行這些理念？以下是一些可行的建議。

一、根據課程的目的，設計"寓學習於評估"的活動

從課程發展議會（2004）《中國語文課程指引（小一至小六）》和香港課程發展議會（2008）《小學中國語文建議學習重點》文件所見，中

國語文科課程發展有兩個重要目的：一是注重培養學生運用語文能力，即讀寫聽說的能力；基本要求小學生能聽得清楚，說得明白，讀能理解，寫能表達。二是強調學生語文的素養和個人的素養。語文的素養是培養學生學習語文的良好習慣、興趣和主動自學的能力；個人素養是指培養學生的品德情意。

就培養學生運用語文能力而言，教學可多設計有關讀、寫、聽、說的語文小組活動。在小組中，師生間的互動和學生間的互動機會增多了，教師便能有更多時間和空間細心觀察學生表現，記錄和收集學生的顯證，從而評估個別學生的表現。例如：教師設計說話活動，要求學生分組進行角色扮演，目的是要他們說話能做到發音正確，吐字清晰，並能運用適當語調表達話語。教師必須根據目的，制訂簡單的“觀察表”評估學生的表現。在學生分組準備時，教師可參加其中的組別，細心留意學生表現，若學生發音不標準，便要即時糾正。為了避免對學生造成壓力，每次的觀察，教師都不用預先通知學生，也不用計分，“觀察表”純粹是一種記錄，幫助教師了解學生的學習而已。到每組學生表演時，教師就每組的表現加以評分和提供回饋。

就培養學生的語文素養而言，要培養學生養成學習語文的良好習慣、興趣和主動自學的能力，並不是只靠教師的講授而能達致的。教師宜多配合課程的目的，因應學生的興趣和能力，多加入培養學生自學的機會，例如在課室設置“閱讀閣”和“自學中心”。“閱讀閣”是擺放每個單元教學後的伸延閱讀的篇章和書籍，讓學生閱讀，並作個人閱讀記錄；“自學中心”是擺放教師預先設計與單元教學內容相關的語文遊戲，例如“找部首”，“語詞接龍”等，讓學生選擇喜歡的遊戲進行自學和核對預先準備的答案，並作記錄。若他們遇到困難，可請教同學和老師。教師從他們的閱讀紀錄和自學紀錄中，可深入了解他們對閱讀的興趣和評估他們的自學能力。讓學生從活動中學習，正好給教師從學生活動中觀察和評估他們的機會。

二、進展性評估和總結性評估並重

很多家長都認為要幫助子女在校內和校外取得高分的成績。香港教育制度一向重視總結性評估，側重考試和測驗。當家長和學校均看重校內測考和公開試的同時，教師不妨考慮以下兩個問題：進展性評估有何重要性？它和總結性評估有甚麼關係？

進展性評估是指學生在學習過程中的評估，例如教師對學生的觀察，學生平時的習作表現等。Stiggins（2008）認為評估過程與學生的學習動機有密切關係。當學生能在學習過程中明白自己的不足和成功之處，並得到家長、老師和同儕的鼓勵和意見，並對他們的學習有所期望，這些激勵，能引發他們自我努力學習的動機。進展性評估的重要性在於讓學生清楚自己學習過程的成效，他們在進展性評估中對自己有所期望。當學生有了期望，便能引起他們學習的動機。進展性評估大多是以日常學習活動為主，Paris & Ayres（2001）認為日常學習活動比平時考試成績更重要，因為這些評估活動，能充分反映學生自己的努力程度和學習質量的真實表現。對教師而言，他們可運用學生在進展性評估中的表現，反思自己教學的成效。

進展性評估和總結性評估的關係是非常密切的。進展性評估主要目的是提供學生和教師回饋而不單是評鑒其學習效益（Brown, 1994）。總結性評估主要是評估學生在某學習階段的學習成效，以總結他們學習成果。所以，學生要在總結性評估取得佳績，他們必須在進展性評估中明白自己在學習過程中的表現，而知所改善和有所期望。進展性評估能幫助學生在總結性評估中的表現。教師觀察學生在日常"寓學習於評估"活動的表現，注重他們在學習過程中的進展性評估，無形中幫助提升他們總結性評估的成績。此外，當學生在總結性評估表現失準或因事未能參加總結性評估，教師便可參考學生在進展性評估的表現。進展性評估和總結性評估是相輔相成的。

三、多元化評估的準則必須明示學生

　　多元化評估是指不單是教師評估學生，而且可以是家長對子女學習表現的評估，學生自評和同儕互評。要有效實行學生自評和同儕互評活動，教師必先釐訂評估的準則，他們可考慮校內學生的程度，校本課程的規畫，更要緊的是參考《全港性基本能力》和《小學中國語文建議學習重點》各學習階段的要求。評估的準則是有客觀要求，準則應簡單易明。教師可考慮自己制訂這準則或是與學生一起商討，他們必須向學生清楚說明評估準則和加以舉例。教師不但可用這準則評估學生，而且可將準則制訂學生自評和互評表，讓學生進行自評和互評活動。從評估準則和多元化的自評和互評中，學生能對自己的努力程度、學習態度和學習成效進行反思。學生學會了該如何評估自己的表現，找出哪些是正確的，哪些是錯誤的。這種評估方式與教師主導的評定學生哪些是對哪些是錯，是兩種截然不同的評估方式。

四、為學生提供及時、清楚、易懂的鼓勵性回饋

　　近年課程發展議會與香港考試評核局（2007）《中國語文教育學習領域——中國語文課程及評估指引》的文件中強調優質的回饋，才能有效促進學習，對學生發揮正面激勵的作用。教師應為學生提供及時、清楚、易懂的鼓勵性回饋。例如某學生朗讀課文很出色，很多教師都會說：“很好”。但若是提升回饋的素質，教師可以清楚說出學生朗讀得怎樣好，例如是“讀得很投入，聲線充足，能運用輕重音，表現很出色”。教師所說的除了是表揚和鼓勵這位學生外，同時也明確地對其他學生提出清楚的要求，具體顯示了怎樣才是表現出色的朗讀。在日常課堂中給予學生提供及時、清楚、易懂的鼓勵性回饋，學生便能即時改進和反思所學，這比起教師只在總結性評估時才給與學生分數來得更有意義。

五、教師由傳統評估的執行者轉變為強調評估為促進學生學習的探索者

　　要落實“促進學習的評估”的理念，教師在評估體系中的角色是要

改變的：由傳統的總結性評估的執行者轉變成有效、可行的評估工具的探索者和實驗者（李靜，2006）。在傳統的課室教學中，教師教完書後，才評估學生，他們通常把對學生的評估放在最後，為他們的習作和測驗打分。但在"促進學習的評估"的教學中，教師再不單是評估的執行者，他們更要從日常課堂活動中觀察和探索學生所學，分析學生的表現。更進取的做法是：教師應是學生進行自主評估的指導者。教師可考慮多設計學生進行自主學習的活動，並指導和探索他們怎樣反思和評估其成效。總言之，語文教師的角色應由評估學生學習表現的執行者轉變為強調評估是為促進學生學習的探索者。

六、全面制訂語文學習評估的計畫

一般來說，教師在學期初會制訂教學計畫，設計進度表。教師可考慮在教學計畫中加入評估計畫。現時的評估項目只附屬在教學計畫，並不詳細。教師宜在評估計畫中列明總結性評估和進展性評估的目標，教師須對學生在特定時期的學習作整體的評估，教師也可互相商量進展性評估的目的、評估的方式（例如自評和互評等）和評估次數等。以下是教師在設計評估計畫時要注意的事項：

(1) 教師要學生清楚單元要學些甚麼？

(2) 單元有甚麼活動？學習的過程是怎樣？

(3) 教師怎樣運用多元化的評估活動？

(4) 總結性評估與進展性評估怎樣緊扣一起？

(5) 評估準則釐訂了嗎？

(6) 評估後有提供回饋嗎？

(7) 教師應如何改善教學和修訂課程？

在學期開始時，教師制訂評估計畫須注意檢視過去一學年學生在學習階段是否能達到目標。如果大部分學生都不能達到目標，教師須在課程和評估設計上彌補不足。

同時教師在設計評估計畫時，應留意學生在各學習階段的學習重點的銜接性。評估計畫與課程規畫是不能分割的，評估應能反映課程規畫時所照顧的學習階段的銜接。教師必須能注意級與級、學習階段與階段之間的課程目標和重點的遞進性，從而釐訂評估重點和評估整體的規畫，幫助學生學習。以小學中國語文科為例，教師應參考香港課程發展議會（2008）《小學中國語文建議學習重點》清楚列明各學習階段對學生語文的要求。例如在第一個學習階段（小一至小三）的閱讀範疇中要求學生辨識簡單的敍述手法，如順敍、倒敍；在第二個學習階段（小四至小六）則期望學生認識不同性質的表達方法，如描寫、抒情、說明、議論。至於閱讀方法，第一個學習階段的學生要掌握精讀、默讀、朗讀（配合感情，有自信地朗讀優美的文字）；第二個學習階段的學生則要懂得運用略讀、瀏覽、主題閱讀法、找出關鍵語句等。有關寫作方面，第一個學習階段的學生要懂得解說日常用品的使用步驟即可；第二個學習階段的學生則要懂得運用比較、舉例、分類來寫說明文。教師應以香港課程發展議會（2008）《小學中國語文建議學習重點》為藍本，多考慮學生能力和興趣，由淺入深，以螺旋式全面規畫學習和評估重點。

結語

　　要實踐"促進學習的評估"的理念，教師必須有效制訂整體的評估規畫，進行多元化和進展性評估，提供回饋，促進學習。值得關注的是，教師對傳統教學和評估的信念如果不改變，那麼是較難實踐"促進學習的評估"的理念。筆者期望教師要明白自己在評估角色的轉變。同時教育當局和大專院校可針對教師的需要，多舉辦分享會和培訓課程。有了足夠的支援，教師對實踐"促進學習的評估"的理念便會更具信心。

參考文獻

李靜（2006）建設語言自主評估材料 提高語言自主學習能力，《外語界》，113，60-72。

廖佩莉（2009）促進學習評估：中學中國語文科教師對此認識有多少？，《中國語文通訊》，87/88，14-25。

香港課程發展議會（2001）《學會學習 —— 課程發展路向》，香港：政府印務局。

香港課程發展議會（2002）《基礎教育課程指引 —— 各盡所能‧發展所長（小一至小六）》，香港：政府印務局。

香港課程發展議會（2004）《中國語文課程指引（小一至小六）》，香港：政府印務局。

香港課程發展議會（2008）《小學中國語文建議學習重點》，香港：政府印務局。

香港課程發展議會與香港考試及評核局（2007）《中國語文教育學習領域 —— 中國語文課程及評估指引（中四至中)》，香港：香港政府。

Brown, K. W. (1994). Meaning and consequences. *British Educational Research Journal,* *22*, 537-548.

Paris, S. G. 和 Ayres, L. R. 著，袁坤譯（2001）《培養反思力》，北京：中國輕工業出版社。

Stiggins, R. (2008). *An introduction to student-involved assessment for learning.* Columbus, Ohio: Pearson Prentice Hall.

Sutton, R. (1995). *Assessment for learning.* England: RS Publications.

轉載自：廖佩莉（2011）"促進學習的評估"在中國語文科實行之我見，《香港教師中心學報》，10，45-50。

"學習檔案" 在中國語文學習評估的特點

　　香港近年的教育改革，強調校本評估。學校評估不應單看學生在考試和測驗中的成績，應多注意學生在學習過程的表現，因此形成性功能的評估尤其重要。學習檔案評量是形成性評估的一種，但是香港小學中國語文科教師仍未廣泛在評估中應用，其中一個原因是教師對學習檔案這觀念仍很含糊。學習檔案有很多不同的名稱和種類，它主要的功用是甚麼？究竟學習檔案和文件夾有甚麼分別？傳統評估模式與學習檔案評量的分別在哪裏？本文旨在探討學習檔案的性質和特點，希望教師能從中得到一些啟發，充分發揮學習檔案的潛在功能。

　　學習檔案有很多不同的名稱，香港教育文件把它稱為"功課樣本夾"（香港課程發展議會，1995），台灣學者譯作"歷程檔案評量"（張美玉，1996），"作品集項評量"（簡茂發，1995），近年國內的學者稱它為"成長記錄袋"（錢有玉，2003），"檔案袋"（陳兵，2005）。學習檔案的種類有很多，例如有展示型、描述型和評估型（趙德成、徐芬，2002）。無論檔案用甚麼名稱，檔案屬哪一類，最重要的是：檔案的作用是收集學生在學習與發展過程中努力進步的例證。不同的檔案目的，收集的例證就不同，因此形成不同種類的檔案。本文基於檔案有助記錄學生的學習情況，學生建構學習檔案的過程其實也是一個學習歷程，因此本文用"學習檔案"一詞。

　　學習檔案的英文名叫 portfolio，有文件夾和公事包的意思，即將個人作品放在文件夾裏以顯示個人的成就。最初是攝影家，藝術創作者採用文件夾來收集自己的作品。教育家早在 20 世紀 70 年代已應用學習檔案，用來記錄大學講師的工作表現，作為考績評核（Knapper, 1995）。到了 80 年代西方中小學開始使用，當時美國教育界認為以傳統紙筆考試並未能反映學生的學習全貌，因此提出用學習檔案來記錄學生學習的實況。

學習檔案是有目的地收集學生的作品。學生須參與建構學習檔案的過程，例如檔案內容的選擇，選擇和判斷作品的標準和學生自我反省作品的得失（Arter, 1990）。學習檔案表面看來是個厚厚的文件夾，但卻與一般文件夾有很大的分別。文件夾是用作存放資料，將文件分類，本身是沒有生命力的；但學習檔案是學生主動地因特殊目的而收集自己作品的樣本，檔案內容包含學生本身及其他人對自己學習的評論。這正好提供學生仔細思索他們作品的機會，檔案內載滿了學生學習的心路歷程，能反映學生的所學所思。

值得注意是：如果學生在構建學習檔案的過程缺乏足夠的指導，學習檔案就會變成純粹堆砌作品的文件夾，所以指導學生建構學習檔案的過程是非常重要的。指導的過程可包括教師須明示學生建立學習檔案的目的和用途，確定要收集的例證（學生作品樣本），評定例證的準則。更重要的是教師運用的教學策略應以"學生為中心"，學生有機會參與不同類型的課堂和課後延續的活動搜集自己學習的例證。同時教師應幫助學生在學習過程中反思，所以，建構學習檔案的過程是一項具積極意義的學習活動。如果教師將學習檔案引進到"以教師講授為主"的傳統教室，只讓學生收集操練式的練習和作業，填滿學習檔案，這將與文件夾是沒有多大的分別，並不能達致學習檔案的目的。

學習檔案能展示學生學習的思想過程和進步表現，可以用作評量的學生學習的情況，所以也可稱為學習檔案評量。這種評量模式與傳統評估模式是截然不同的。下面是兩者的比較，從而可見學習檔案在中國語文科評估中的五個特點：

（一）學習過程的評估

在評估的理念上，傳統的評估多是"一考定終身"，離不開筆紙測驗和考試，以學生在考試中的表現來決定學生所學的成果。這種評估模式目的是評核學生所學的成果，甄別學生的能力，以達到篩選學生的效果，因此學生與學生之間會互相比較和競爭。這種評估模式沿用已久，可是過分強調總結性評估，導致發展性的評估功能難以充分發揮出來（趙德成、徐芬，2002）。但學習檔案評量的目的是記錄學生學習的情況，課程內容和目的決定學生應選甚麼例證放在檔案。學生在收集的例證上寫上反思。

以中國語文的寫作評估為例，一般是學生就考試題目選題作答，在特定的時間和空間寫作。這種傳統評估模式出現了兩個主要的問題：一是考試的作文題目未必符合學生的興趣；二是學生應考的當天可能並非最佳狀態（包括情緒和健康），這可能影響學生的寫作成績。但學習檔案則包括學生平日的寫作紀錄，學生可根據自己平時的表現選擇自己喜愛的作品作為評分。有些學校容許學生可就教師所給予的意見加以修改寫作，所以檔案中已包括學生的初稿、修改稿和訂稿的學習過程，這種學習檔案評量是側重平時學生學習的進程。

(二) 以學生主體的評估

在評估的主體上，傳統的評估大都是教師決定考甚麼，給甚麼評分，學生處於一個被動的角色；但在學習檔案評量中，能充分發揮學生的主體性。檔案評量十分注重評價在學習過程中學生的參與，參與評價者不再是完全由教師支配，原因有兩個：一是學生有極大的選擇性決定用甚麼例證或作品來評分；二是評分準則由教師和學生共同釐訂。為了讓學生能了解評價寫作文章的標準，教師事先要教學生一些評分技巧，如應從哪些方面評定他人文章、如何寫評語等相關知識。有些教師甚至和學生一起釐訂一份自我評估及同伴評價的標準。整個評估過程中，不是單方面由教師決定的，而是有機會給學生參與。

(三) 動態的評估

在評估的趨向上，一般傳統的評估模式是以默書和測驗為主，學生默默地接受測試。這種靜態評估並未能反映學生在課堂上的動態活動。

教師評估學生聽説能力，大都是在考試時給學生聆聽一段故事或對話，學生然後在試卷依題作答；在評估學生的説話能力時，很多時是教師給學生看圖或題目，請學生依圖或題目説話，然後給分數。其實教師在日常的教學中已設計不同的課堂活動。學習檔案評量非常注重學生課堂表現記錄，所以堂上有關聽、説、讀、寫的課堂活動，也可以是評量學生表現的依據。

教師可將學生平時在課堂上講故事、分組討論和角色扮演的説話內容錄音，然後提出改善方法，讓學生在下一次同類型課堂活動裏表現更佳。這些學習經驗是學生根據自己的已有經驗，重新建構的一個動態過程。學生在活動中所收集的例證，正好反映學生動態的學習表現。同時他們反思自己在新的知識與已有知識之間所建立的意義和聯繫。這是學生在思想上的動態活動。

（四）多樣化評估

學習檔案包含了多元化的評估，所謂“多元化”，一是來自評估內容；二是來自參與評估的人物。傳統評估學生的模式主要依賴考試，而考試內容大都以知識為主，對學生的態度，情意和習慣的評估並不多見。但是評估學生的表現不僅包括學生的認知能力，還包含學生的學習動機和情意態度。香港課程發展議會（2004）提出了品德情意的學習，其中一個目標是培養學生的自省和判斷能力。在課程指引中也提及學習語文的應有態度，例如樂於寫作，勤於閱讀，勇於表達，認真聆聽。這些有關學生的情意、態度和習慣的評估是較難評量的，但是在學習檔案內學生就收集的作品進行自評和反思，同時也收集同儕間的互評表和家長評分表。有了這些資料，教師便可作為評估學生的情意、態度和習慣的依據，全面評估學生的學習表現。

除了老師，學生和家長教師也可參與評估學生的表現。在學生的自評和互評的過程中，教師可請他們考慮將哪些作品存入學習檔案內，思考這些作品的優點、缺點和可改善的地方，促進學生的批判思維能力，進而提升學習水平。家長檢視自己孩子的作品，不但有助他們了解孩子的學習情況，而且可以增加親子溝通的機會。

(五) 教學與評估有機地結合

　　在傳統的課堂中，教師通常在完成教學後才對學生進行評估，教學活動和評估活動是分開的；學習檔案評量能有效地將教學和評估活動結合起來。教師可以把檔案評價貫穿和融合在整個教學過程。首先正如前文所説，教師的課堂活動應以學生為中心，鼓勵學生可就學習活動收集學習例證，教師從活動中評估學生的學習；其次教師在設計課堂教學時可預留時間給學生建構學習檔案，例如教師可與學生討論學習例證、幫助學生反思所學和舉行學習檔案展示會，確保學習檔案評量是在互動的情況下進行。更重要的是教師可就學生呈交的檔案資料，分析學生的學習得失，從而改善自己的教學策略，調整教學目標，配合學生的需要，促進學生的學習。

　　中國語文科的評估一向是以評定學生的語文能力為主導，但在新課程下，評估是以促進學習為目的。學習檔案評量是一種新的學習和評估模式，雖然在實施時存在不少困難，例如教師和家長須花大量時間查閱檔案，教師批改檔案的標準也難以制訂，但學生建構學習檔案的過程卻能促進學生進行有意義的學習。傳統的考試，屬總結性評估，評估模式是較客觀和公正的；學習檔案可以説是形成性評估，評估模式是很多樣化。學習檔案評量和傳統的考試模式是互不排斥的。兩者可互補不足，相輔相成。只有這樣，才能準確地、真實地反映學生的中國語文學習水平。

參考書目：

陳兵（2005）檔案袋在英語學習評價中的應用，《課程教材教學研究（小教研究）》，6，24-25。

簡茂發（1995）學習評量新趨勢，《教育研究雙月刊》，45，9-13。

錢有玉（2003）小學生成長記錄袋的設計與操作，《安徽教育》半月刊，2，18-19。

香港課程發展議會（2004）《小學中國語文建議學習重點》，香港：香港課程發展議會。

張美玉（1996）歷程檔案在建構教學之應用一個科學的實徵研究，《教育科技興媒體》，27，31-46。

趙德成、徐芬（2002）成長記錄袋應用反思與改進，《評價與考試》，7，43-45。

Arter, J. (1990). *Using Portfolios in instruction and assessment State of Art Summary*. Portland: Northwest Regional Education Laboratory.

Knapper, C. K. (1995). The origins of teaching portfolios. *Journal on Excellence in College Teaching, 6* (1), 45-56.

轉載自：廖佩莉（2006）"學習檔案"在中國語文學習評估中的特點，《中國語文通訊》，80，1-4。

小學中國語文科單元教學與學習檔案的應用

　　近年本港的課改強調"促進學習評估"，教學與評估須有機地結合，"評估不僅是判斷學生表現的工具，更應發揮改善學習的效用。"（課程發展議會與香港考試及評核局，2006，頁 i）。雖然外國文獻常提及不同評估的方法（例如真實評估、學習檔案評估和實作評估）以強化學習的效能，但是在本港有關這方面的研究（郭懿芬，2001）並不多。本文是筆者與一位小學教師在中文科單元教學引進學習檔案評估的經驗分享。希望藉此經驗，使教師在應用學習檔案評估方面，得到一些啟示，以實踐教學與評估為一體的理念。

現時單元教學與評估的問題

　　香港前教育署早在一九七三年推行小學活動教學，提倡主題教學，以單元組織教學的內容。於一九九五年在小學中、英、數三科實施目標為本課程，推行以課業為本的學習。教師須設計不同的課業進行單元教學。小學中文科的單元的組織，大都是以內容、文體和語文能力為學習重點，例如將教材或課文內容相若的編成一單元；將文體相同的教材或課文編成一單元；將語文能力依學生讀、寫、聽、說等訓練範疇來組成單元。近年最新中國語文科的課程改革，一再肯定單元教學的重要性。雖然小學中國語文科的單元教學沿用已久，但是卻一直忽略了單元評估的施行問題。

　　單元評估的問題主要分為兩個：首先是單元教學過程與評估的脫鈎。教師通常在一個或若干單元完結後給予學生測驗、考試，作為對學生學習該單元的評估。這種做法，是單元完結後才對學生作總結性評估，但卻忽略了在單元教學過程中對學生學習進展的評估。雖然在單元教學中，教師曾運用不同方法，如提問學生來評估他們所學，但是卻未能有系統地記錄和評估學生的學習進程表現。其次是單元評估內容多是側重知識性的考核，忽視對學生品德情意和學習態度的評價。現時的中國語文科評估的內容大都是在讀、寫、聽、說四大學習範疇內評估學生應用語文的能力，這較以往靠背誦學習內容的評估形式已有很大的改變，但是仍然忽略學生對自我學習態度的持續性評估。

學習檔案的背後理念

學習檔案的英文名稱叫 portfolio，有文件夾和公事包的意思，即是將個人作品放在文件夾裏以顯示個人的成就。最初是攝影家，藝術創作者採用文件夾來收集自己的作品。80 年代在西方教育界中，小學開始使用，當時美國教育界認為傳統以紙筆考試模式來評核學生，並未能反映學生的學習全貌，因此提出用學習檔案來記錄學生學習的實況，全面評估學生的學習。根據 National Education Association（1993）解釋學習檔案是着重學生的作品或學生對作品感想的學習記錄，通過學生所收集的資料，載明了學生在重要學習結果上的進展情形。學習檔案是有意義、有目的地收集學生邁向課程目標與學生成長和發展相關的材料[1]。學生在建構學習檔案的過程中，其實也是學生反思學習的過程，是一種質化學習和評估的模式。

碧斯（Biggs，1996）認為人們對學習的本質有兩種不同的假設：量化的學習和質化的學習；這兩種假設分別構成量化的學習和質化的學習兩種模式。所謂量化的學習模式是指“教師將知識理解為孤立的單元，教學即單元知識的傳遞過程”（張莉莉，2003，頁 48），學生單純是知識的接受者。在這量化的學習模式下，評定學生的能力是側重學生的學習成果，學生學習的內容就是指定的評定範圍。評估有既定的標準答案，教師當然是主要的評價者。相反，質化的學習模式是以建構主義

1　周立群和龐車養編。《與新課程同行》。廣州：華南理工大學，2005年，第一版，頁289。

理論為哲學基礎，建構主義者認為知識並不是存在於外部世界，"知識是學習者基於個體經驗活動的產物；是在不斷變化的社會情境之中形成的"（鍾啟泉，2004，頁20），教師是創設學習環境協助學生構建所學，是一種以"學生為中心"的教學。學生能主動學習，成為尋求知識的探究者。在這質化的學習模式下，評估的觀念也因此而轉變，評估學生所學須關注學生的學習過程和深層理解，學生應有自己的想法、見解和視野。這種評估模式，不需要有既定答案。教師再也不是唯一的評價者。

　　學生建構學習檔案的過程正是質化的學習和評估。學生必須根據學習檔案的目的，收集自己作品（顯證），例如功課樣本，課堂活動的表現樣本，以證明自己所學，並且寫上反思，分析作品的優點和缺點。學生須主動學習，自行決定擺放哪些學習例證在檔案內記錄自己的學習過程；教師可協助學生建立學習檔案，啟發他們對學習的反思；有些學習檔案評分準則是師生共同設計，在這過程中，一個開放的學習環境自然營造起來。同時學習檔案內有不同類型評估的顯證，包括教師對學生評估、學生自評、同儕的互評和家長對子女的評估，這些評估有助教師全面了解學生學習情況，更可以探究學生情意態度的發展。

實踐構想

　　學習檔案是屬於質化的學習和評估，是評估的一種新趨勢，可彌補現時香港單元教學評估的不足。二零零五年十一月筆者與一名教師在元朗區某小學的六年級上學期，以中文科其中一單元引進學習檔案評估，藉此探討改善現行單元評估的問題。本研究的主要目的也就是探討在單元教學中引進學習檔案的成效。

　　實驗的對象是一班小學六年級學生，共三十二人，程度普通，學習態度認真，只有小部分是較散漫的。學校一向依教科書編排課文的次序來施教，筆者與該校中文科教師認為可將其中三篇課文組成一單元，課文包括"神醫華佗"、"西域大使張騫"和"神機妙算諸葛亮"，單元的主題是"古代中國風雲人物"。這設計是根據香港課程發展議會（2000）內提出增進學生對中華文化的認識，傑出人物介紹亦是第二學習階段重要項目之一[2]。

以一般香港中文科教學的進度而言，教授三篇課文約需十教節，每節約四十分鐘。因此，本研究以十教節作基本的讀文教學，學生能掌握課文內容、字詞句和語文知識，此外，教師額外加上四教節向學生介紹學習檔案的概念和進行建構學習檔案的課堂活動。要求學生建構學習檔案的目的有二：一是培養學生閱讀古代人物書籍的興趣和寫作興趣；二是培養學生的共通能力（研習能力、創造力，自評能力、批判能力）。這是一般讀文教學中較難評估的項目。

教師構思的學習檔案主要有以下部分：

1. 設計一份課外有關古代中國風雲人物的閱讀記錄卡，學生每讀完一份讀物，就須填寫一張記錄卡收進學習檔案內，並在每課後定期在班內評比，看誰的記錄卡多，從而增加學生的閱讀量，鼓勵學生多閱讀。

2. 學生每閱讀完一份讀物，不僅在記錄卡上填上課外讀物的名稱和作者的基本資料，還要把自己在課堂上所學，分析人物性格的特點，將自己的理解與感想寫下來，加深對讀物的認識。

3. 學生就自己閱讀卡的資料，自行選取心目中最喜歡的古代風雲人物，寫信給他。

4. 每星期請學生回顧一下自己的學習歷程，進行自評。這對學生反思自己對閱讀和寫作習慣的形成和能力的提升具有重大的意義。在回顧的過程中，學生可發現自己的學習優勢與不足，並在教師的指導下，自行找出改善的方法。

5. 教師設計閱讀記錄卡和給古代人物一封信的評量表，表內其中一欄包括教師、同學和家長的評語。

2　香港課程發展議會。《學會學習（中國語文教育諮詢文件）》。香港：政府印務局，2000年，第一版，頁 59。

實施情況

　　教師用了差不多一個月的時間，共十四教節進行單元教學和學習檔案活動。由於其間有十天是學校的聖誕假期，學生可利用假期有更多時間進行課外閱讀和寫作。

　　第一教節，教師在課堂上請學生以小組方式，討論怎樣擴大閱讀範圍、提高閱讀和寫作能力。學生們討論熱烈，竟然有學生提出登記閱讀書目和寫下讀後評論，與教師的學習檔案評量的想法不謀而合。當教師提出運用學習檔案幫助記錄他們的閱讀和寫作成果，他們都積極響應。跟着教師便派發學習檔案與評量說明，清楚向學生解釋甚麼是學習檔案，學生建構學習檔案的目的、步驟和學習評量標準。學生要主動閱讀中國古代人物的課外書籍和寫讀後感，並須收集有關資料存入檔案，記錄自己的學習過程。

　　第二至十一教節，教師特別注重和學生用概念圖討論課文中的古代人物的特質、性格和評價人物。每星期的最後一堂中文課，學生有機會互相討論閱讀心得和推薦所閱讀的書本給其他同學；教師也會檢視學生的學習檔案，表揚多閱讀和寫讀後感的學生。其中有學生能利用概念圖討論書本人物的經歷和分析他們的性格，獲得教師的高度評價。由於教師的讚賞，很多學生嘗試分析課外的閱讀資料，學習檔案收集的資料也越來越豐富。第十二教節，教師安排學生就自己分析的人物，選取最喜歡的一位並寫信給他，學生也可將這封信放在檔案內。

　　到了最後兩教節（第十三至十四堂），教師讓學生重新整理和檢視學習檔案，寫下對整個單元學習和檔案的反省與感想，跟着以小組形式，互相分享檔案的學習心得。

實施效果

1.　學生的學習情況

　　本研究發現學生能主動學習，閱讀了不少中國古代人物的故事。在短短一個月內，學生閱讀課外書籍共一百三十一本，最多者閱讀了七本，最少者也讀了兩本，平均每位學生讀了四本。教師認為這是令人興奮的成果，因為平日學生甚少閱讀課外書籍。就課外書的內容來分類，最多學生閱讀的是文學家的事跡（46本），其次是政治家（36本），發明家（21本），醫學家（15本）和藝術家（13本）。閱讀的內容也多樣化，其中以文學家的事跡最受歡迎，這可能與女學生人數較多有關，她們喜歡文藝作品，從而希望多了解有關作家的事跡。

大部分學生（百分之九十六）表示若有時間，會多閱讀。他們認為閱讀古代人物的故事得到很多啟發，其中一位學生的讀後感是：

> "我很欣賞韓信，他曾受胯下之辱……我知道大丈夫應忍一時之辱，何必和那些無賴一般見識。"

翻閱學生的學習檔案，不難發現學生雖然年紀輕輕，卻能反思所學，分析自己學習的優點和缺點。以下是其中兩位學生所寫的反思：

> "在這次學習檔案中，當中要選我做得最好的要算是以書信的形式，表達對秦始皇的敬意，並告訴他有甚麼要改善的地方。但學習檔案的組織較凌亂，若有更多時間，我會整理得好些。"

> "我認為給杜甫的一封信的文章分段做得比較差，而又不大善用佳句和佳詞。檔案的封面沒有太大的問題，只是他的肖像給我畫得不好看。"

其中亦有學生反思自己的學習態度，這是一般教學和評估難以獲取的資料，其中一位學生是這樣寫的：

> "以前我由早到晚不是看電視、睡覺，就是玩機，但是自從我看了古代人物的故事後，發覺他們付出很大的努力才會成功。若我再懶惰，我的成績便會退步。"

2. 教師的反思

教師認為要求學生建構學習檔案是一個不錯的教學和評估策略。平日中文功課很多時是抄詞語、做作業，令他們覺得很沉悶；但建構學習檔案卻使學生主動學習。從學生到圖書館借書閱讀，填寫閱讀卡；接着用批判思維寫信給古代人物，再到檢視學習檔案反思所學。這些都是培養學生積極和主動的學習精神，幫助學生建構知識，並把知識、能力和價值觀結合起來。教師希望這次嘗試能提高學生學習語文的興趣，讓他們養成學會主動閱讀課外書的習慣。

教師在幫助學生建構學習檔案的過程中，能將教學與評估相連起來。學生將在單元教學中所認識的（如用概念圖分析課文大意，多角度評價故事人物）應用到課外閱讀上，即是説學生能將所學知識遷移於其他篇章，並且收集有關顯證，最後透過自評和互評深化所學。同時透過多元化評估（自評、互評和家長評語），教師更能全面了解學生的學習成果和性格傾向。

更重要的是教師能在學生顯證中反思自己的教學成效，改善教學。有部分學生在閱讀卡上不能準確、簡練地描述所讀的故事內容，在態度上缺乏自信。因此教師須因應學生的情況，在讀文教學中，特別利用課堂時間，和學生討論篩選課文重點的技巧，提升學生的撮寫能力，幫助學生閱讀。

雖然學習檔案有很多優點，但教師在實施的過程中遇上不少困難。最大的難題是受到時間的限制，教師要顧及既有進度，又要花很多時間解釋甚麼是學習檔案，在緊迫的課堂教學中還要抽時間進行學習檔案的課堂活動和檢視他們的學習檔案。同時教師批改學習檔案的時間，要比一般改試卷的時間多上幾倍。雖然如此，但學生的學習檔案做得很認真，所以教師覺得再辛苦也是值得的。

3.　家長的意見

只有四成家長願意在學生的學習檔案寫上的評語，由此可見家長的反應較冷淡。這可能是一般家長忙於工作，忘記填寫，或是家長不知道甚麼是學習檔案。教師認為在下一單元需要跟進這方面的缺失。雖然有些家長的態度很冷淡，但是值得一提的是大部分家長的評語是具鼓勵作用，例如以下是其中兩位家長的評語：

"你已做得很好，文法通順，仍要努力啊！"

"原來你每晚躲在房間，就是閱讀課外書，我很高興。"

有了家長的鼓勵，學生的閱讀和寫作興趣也會增加，這對他們學習語文的動機有一定的幫助，有了學習動機，學生自然積極學習。

下學期的構想

這次實踐經驗發現學習檔案確能為班內營造一種良好的閱讀和寫作氣氛。但要有效地配合單元教學和應用學習檔案，還有賴今後的跟進和發展。在反思學習檔案的使用過程的基礎上，筆者提出以下幾點的改進和調整設想。

這次設計的學習檔案是以閱讀和寫作為主，但缺少了記錄學生說話和聆聽的能力，建議將學習檔案與課堂活動更全面地結合起來。也就是說學生要收集在課堂中說話和聆聽範疇的顯證，例如可將學生朗讀和匯報錄音，請學生進行互評；聆聽別人匯報時，學生也可就自己聆聽的態度進行自評。下次的學習檔案，可將學習顯證的範圍擴大，只要學生認為能反映他們聽、說、讀和寫的語文能力發展，都可收集起來。這可增加學習檔案的趣味性和吸引力。

教師發現學生需要很多時間建構學習檔案。若再要收集說話和聆聽的顯證，所花的時間會更多，因此必須將部分單元內容刪減或作調適。刪減或調適並不是意味着學生學少了知識，而是將單元學習的課文伸延，鼓勵學生主動和有彈性地選擇與單元主題相關的課外書閱讀，然後寫作。若學生能得到鼓勵和指導，學生主動閱讀課外書的數目，比原先要閱讀的單元課文還要多。

學生建構學習檔案的過程是需要教師的指導和同儕間互相交流的意見。更重要是學生需要認識和分析自己的學習成果，甚至懂得欣賞別人的學習，因此建議教師每週可多抽時間，約兩至三堂的固定教節，安排學生進行學習檔案的活動，例如請學生在教室前面展示收集的顯證，並介紹自己的反思，然後由同學和教師給予意見。學習交流的機會多了，這無疑會大大擴大學生的視野。每年最好在家長日舉行一次學習檔案交流會或是展覽會，邀請家長和學生參加，目的是鼓勵學生學習和肯定學生努力學習的成果。

雖然家長對學習檔案的反應並不熱烈，只有少部分家長在評估表上填寫評語。這可能是他們不明白學習檔案的作用和對學生學習的重要性，因此建議教師和學生以集體的名義，給家長寫一封信，簡介學習檔案，希望家長能多了解學習檔案的功能，鼎力支持和配合學習檔案的活動。

結語

近二十年來，教育界才開始應用學習檔案，可見它的發展歷史並不很悠久。最近十年，香港才正式引入學習檔案的概念，它的發展只屬雛型，仍需要教育同工多做研究，探討其應用方法和效能。學習檔案應用的範圍和方法多的是，這次實踐經驗只屬其中一種應用方法。本研究顯示學習檔案確能激發學生主動學習的潛能，幫助教師全面評估學生，這是傳統評估模式不能做到的，但卻是在新課程所需要的元素。新課程強調的學生為主體的學習，評估能促進學習效能。單元教學和學習檔案的應用是配合課程發展的新趨勢，將課程、教學和評估三為一體有機地結合起來。

參考書目

郭懿芬 (2000)《在初中中國語文科引進全面評估初探之實作評估與習作檔案評估》，論文發表於二零零零年香港國際語文教育研討會。

課程發展議會與香港考試及評核局 (2006)《中國語文教育學習領域，新高中課程及評估指引》，香港：課程發展議會與香港考試及評核局。

香港課程發展議會 (2000)《學會學習（中國語文教育諮詢文件)》，香港：政府印務局。

張莉莉（2003）質性評估的有效嘗試，通過學生成長記錄袋實現評定的發展性功能，《比較教育研究》，152，48。

鍾啟泉（2004）建構主義"學習觀"與"學習檔案評價"，《課程教材和教法》，24，20-24。

周立群，龐車養編（2005）《與新課程同行》，廣州：華南理工大學。

Bigg, J. (1996). Assumption Underlying New Approaches to Assessment. In J. Biggs (Ed.), *Testing or Educate or Select*. Hong Kong Educational Publishing Co.

Knapper, C. K. (1995). The origins of teaching portfolios. *Journal on Excellence in College Teaching, 6* (1), 45-56.

National Education Association. (1993). *Student portfolios*. Washington, D. C.: National Education Association.

轉載自：廖佩莉（2007）小學中國語文單元教學與學習檔案
的應用，《香港教師中心學報》，6，137-143。

建立中文科學習檔案培養學生的自主學習能力

前言

　　近年來教育的改革，提倡了培養學生自主學習能力，究竟如何落實這些理念呢？教師幫助學生建立學習檔案是其中一項重要方法。但可惜現時香港學生建立的學習檔案，大多是根據校方既定要求，學生根據指示，記錄所學，然後呈交給教師評改。以中文科為例，學生千篇一律擺放了作文、工作紙、測驗卷在檔案內，學生擺放的是指定的學習資料，談不上自主學習。筆者認為學習檔案是一種有效的評估和學習工具，尤其是幫助培養學生的自主學習能力。因此本文先介紹學習檔案和自主學習的特點，然後以小六中文科閱讀的學習檔案為例，說明如何培養學生的自主學習能力。最後指出學生建立自主學習的學習檔案，必須注意教師和學生角色的轉變。

學習檔案和自主學習的特點

　　學習檔案有很多不同的定義，Campbell, et al.(1996) 認為它彙集了整個學習過程的點點滴滴，呈現出學生的努力與成就，是評估學生學習最好的證據。Cole(1995) 也認為它是一本學生學習的成長史，是學生在老師的指導下，把一段時期內的學習產品編輯、反思、整理而成的一個集合體。它包括"理性化"和"人性化"兩個特點。所謂"理性化"是學生有目的，有系統地收集學習過程或成果的顯證；"人性化"是指組織學習檔案的過程，學生須得到教師、同學、家長的意見和自我反思，才能學習得更有素質。換言之，學習檔案是學生有目的地收集的學習的顯證，反映他們的學習情況，並得到別人的意見，反思所學。

　　Cole , Ryan, Kick（2000）將檔案簡單分為兩類：成果檔案、過程檔案，其實學習檔案可詳分為“成果檔案”、“過程檔案”和“成果和過程檔案”。“成果檔案”主要是展示學生完成的佳作；“過程檔案”是展示學生在學習過程中的不同作品；“成果和過程檔案”則包含學生的學習過程和完成的作品。現時較多教師為學生建立“成果檔案”，建立“過程檔案”的則較少。

　　無論是甚麼類型的學習檔案，在建立學習檔案的過程中，是學生學習的好時機，他們有自主學習的機會。所謂自主學習（Independent learning），是指自己作主、自我決定、自我控制的學習，有時也叫做主動學習（Active learning），是相對於他主、他控、被動式的學習而言。就強化理論而言，學生須自我監控、自我指導、自我強化。而人本主義則以人本的角度相信學生有能力自我發展，所以學生應有主動學習的能力。

　　對於學生有怎樣的表現和達到甚麼水準才叫做自主學習，Nimmerman（1989）認為，確定學生的學習是否自主的，必須先解答以下問題：即為甚麼要學習、怎樣進行學習、甚麼時候學習、學習的結果和行為怎樣、在甚麼地方學習以及與甚麼人學習等等。表一是根據Nimmerman 提出的問題，判定學生是否自主學習的概念框架。

表一：判定學生是否自主學習的概念框架

問題	學習維度	自主性的表現
為甚麼學	動機	能為自己設定能實現、具體和近期的學習目標、比較經常和一致地進行自我學習激勵。
怎樣學	方法	能根據不同的學習任務，選擇性地運用學習策略、實現學習目標。
何時學	時間	能根據學習任務的難易對學習時間進行分配。
學甚麼	學習結果與行為	能對學習表現與目標進行監測，當發現二者之間存在差距時，會分析原因並作出調節。
在哪裏學	環境	能選擇合適的環境和充分運用現有資源。
與誰一起學	社會性	在遇到困難時向別人尋求幫助，並且能在獲得幫助下獨立完成任務。

如果學生對上列問題均能由自己做出選擇或控制，其學習就是自主的；反之，如果學生在這六項問題中大部分均不能由自己做出選擇或控制，則其學習就談不上自主。總括而言，自主學習的特點是學生在學習過程中，須有自主意識，即是他們有選擇權進行學習，並有自我監控學習的能力。表二綜合了自主學習的學習檔案的特點，學生能依照自己能力設定學習目標建立學習檔案。他們能根據不同的學習任務選擇顯證，證明所學，並能主動作自我反思，也可根據同儕、教師和家長的回饋作出反思。

表二：自主學習的學習檔案

自主學習學習檔案	自主意識	
	選擇	監控
目的	能為自己設定學習目標。	檢視自己的學習表現是否達到目標，對目標作出調節。
顯證	能根據不同的學習任務，學生選擇顯證，實現學習目標。	有需要時得到同儕、教師和家長尋求幫助下完成任務，並收集任務的紀錄，作為學習的顯證。
反思	主動地選擇顯證自我反思。	根據同儕、教師和家長的回饋作出反思。

自學的中文科學習檔案

語文自學是近年語文學習重要的課題。根據課程發展議會（2009）《新高中課程及評估指引，24-27》

語文自學範疇的學習目標是：

1. 培養獲取知識、建構知識、運用知識、自我監控的能力；
2. 提高語文自學的興趣，養成良好的語文自學態度和習慣。

通過語文學習活動，培養獨立學習語文的能力、興趣、態度和習慣。其中語文自學的態度和習慣的培養是最難做到的。"態度"是指學生是學習的主人，應該養成積極主動的自學態度，自訂計畫、自我調節，按既定的目標學習語文。這與自主學習的理論不謀而合。至於習慣的培養是指學生經常閱讀，使學生拓寬視野，積累語文材料。

很多國家例如美國、澳洲都採用了學習檔案來培養學生的自學能力。這種源於西方國家提倡的學習檔案和語文自學的理念，可以怎樣應用在香港的中文科學習上呢？

筆者嘗試在二零一五年香港一所小學其中一班小學六年級學生，共二十七人試行建立語文自學的學習檔案，為期約一學年，試行學校的學生程度和學習態度是一般。選擇小六學生試行的原因是希望他們對閱讀產生興趣，升中一時能習慣語文自學，這對他們在中學階段的學習有一定的幫助。這次試行，學生建立學習檔案的目的是培養他們的自學能力，培養他們對閱讀的興趣。

筆者與該校中文科教師要求學生建立一個以"小說"為主題學習檔案。由於學生是第一次建立檔案，教師在單元教學完結後，運用兩教節向學生介紹學習檔案的概念，目的和建立學習檔案的過程。以下概括教師解說建立學習檔案的要點：

1. 建立檔案的目標：

鼓勵學生閱讀小說，培養良好閱讀的態度和習慣。學生可根據自己的喜好選擇教師為學生設定的組別，教師為學生分為"科幻小說"組、"武俠小說"組、"青春小說"組、"歷史小說"組等，每組約五個學生。根據組別主題，學生可自行決定閱讀的書籍，決定閱讀的書本的數量，和用自己喜愛的方式表達對內容的理解。每三月學生須自行再選擇組別或是願意留在原來的組別進行閱讀和小組討論。

2. 檔案的內容：

以下是教師提供的建議，學生可作閱讀顯證的參考：

a. 學生自訂閱讀的目標（即三個月內預計可閱讀書本的數量）

b. 自行設計閱讀記錄卡，學生每讀完一本書，就須填寫記錄卡，收集在學習檔案內。

c. 學生用自己方法表達對故事內容的理解，例如：

- 摘寫內容大意
- 用概念圖表達內容大意
- 自行選取喜歡 / 不喜歡的人物，寫信 / 電郵 / 發放短訊給他
- 根據內容設計四格漫畫 / 封面 / 海報（輔以文字說明）
- 改寫 / 續作故事
- 其他

d. 學生表達對書本內詞語和句子的認識，例如摘錄：

- 不懂詞語
- 難明的句子
- 佳詞
- 佳句

e. 其他：學生對閱讀的反思

3. 檔案的活動：

　　每三個月舉行一次學習檔案分享會，分別在 11 月，2 月，5 月舉行。每位學生須每三個月回顧自己的學習檔案，和同學彙報學習檔案，包括閱讀的成果和心得，同儕和教師給予意見。在分享過程中，學生可發現自己的閱讀的優點與不足，反思所學，並在教師的指導下，自行找出改善的方法，例如遇到不懂的詞語和句子的處理方法。這對學生的學習具有重大的意義。教師在 6 月安排學生的學習檔案在圖書館展覽，讓其他班別的學生也能分享他們的閱讀成果。

4. 檔案的回饋和評估：

　　教師在分享會給予學生回饋，回饋分兩方面，一是閱讀量，教師看誰的記錄卡記錄閱讀最多，並留意誰的閱讀量進步最多，頒發閱讀數量獎和進步獎；二是教師對學生閱讀素質的回饋，教師可就學生的已有知識，例如學生認識人物描寫的特點，故事的架構（開端、發展和結局）給予學生回饋。教師也運用李安全（2016）提出閱讀的三種閱讀境界分

析學生是否能讀懂（領悟隱含在文字中的意思和含意）、讀通（文中的豐厚意蘊）和讀破（讀出自己的見解）。最後在 5 月舉行的分享會後，學生須呈交學生的學習檔案給教師作總結性評估。

試行結果

這次試行的結果很不錯。教師表示學生有進步的地方包括以下三方面：

1. 閱讀量的增加

試行的學校一般小六學生都不大喜歡閱讀，教師只要求他們在長假期後撰寫讀書報告，他們才閱讀，教師每學年規定他們閱讀一本課外書。但這次試行，平均每位學生也能自行選擇三本書閱讀。閱讀量最多的學生有八本，最少的也有一本。

2. 創意表達對內容的理解

在檔案中，大多數學生喜歡用圖畫，輔以文字表達對故事內容的理解。例如有學生用"多啦 A 夢"來代表諸葛亮，"大雄"代替劉禪，並解釋諸葛亮足智多謀，就好像有很多法寶，幫助劉禪解決困難。也有學生畫了一瓶醫治過度活躍症的藥丸送孫悟空，勸他要乖乖聽唐僧的話。這都是學生的創意，他們有趣地分析的人物性格。

3. 使用工具書

有超過六成試行的學生（十九位），遇到不懂詞語，便會自行翻閱工具書。工具書包括了網上的工具書和紙本的詞典和字典。他們能主動運用工具書，這是試行教始料不及，令人鼓舞。

啟示

要培養學生的自主學習能力是不容易的。若教師全盤放手給學生自學，他們可能未必達到要求；若教師對他們學習諸多掣肘，這也談不上自主學習。所以教師和學生拿捏所扮演的角色是很重要的。從承擔責任的角度來看，自主學習是由學生和教師共同分擔的。認為提倡自主學習教師就會無所事事無疑是一種不解。無論是學習目標的確定還是學習內容的選擇，無論是學習過程的監控還是學習成效、檢測，委實都需要教師的意見。在自主學習的過程中，教師扮演一個指導的角色，學生卻扮演了自主的角色。

教師的角色

這次試行，教師擔任指導角色，能成功幫助和監控學生的閱讀。要做好指導工作，教師擔當了不同的角色。首先他是位聯絡員。例如他與圖書館主任聯絡，校內是否有足夠的人物故事書給學生借閱？其次，教師是訓練員，可指導學生閱讀的方法，例如九月初開學，教師教授有關節錄小說課文，教學重點除了要學生認識人物描寫的特點，也可以和重溫閱讀的策略，例如請他們尋找文中的四要素（時、地、人、事）和故事架構（開端、發展和結果）。當學生能掌握閱讀的方法，才能讓他們所學的應用在自選的讀物上。再者，教師可擔當顧問的角色，在分享會給予學生的回饋和鼓勵，幫助學生優化閱讀的素質和建立學習檔案的內容，有時教師又會推介一些常用詞典和網上相關的電子詞典給學生。最後，教師也是評估員，在最後一次的分享會，收集學生的學習檔案作總結性評估。整體而言，教師是監控員，在學生建立檔案的過程中，和他們分享和監察他們的學習情況。

學生的角色

自主學習強調的是學生的責任感，學生須擔當自主角色。這次試行，學生的自主權包括：

1. 目標的設訂：學生為自己訂下閱讀書本的數量，每三個月在分享會後根據自己的能力作調適，再修訂未來的閱讀目標。

2. 學生具選擇權，他們能根據自己的喜好選擇組別和書本。學生收集的顯證，顯證表達的方式也是自行選擇的。他們也能選擇解決閱讀困難的方法，例如運用工具書翻查不懂的詞語或請教同學等。

3. 學生參與的分享會，能自由發表他們對別人的意見，也可與同儕分享自己閱讀的心得，在交流的過程中互相學習和鼓勵，這正是"學生為中心"的學習活動。

結語

葉聖陶説："教，是為了不教。"教師應該指導學生怎樣學習，並不是完全將知識直接灌輸學生。學生能明白怎樣學習，才能自學。要學生自主學習，教師的角色必須轉變：由教授者轉變為指導員。這次試行證明建立學習檔案能説明學生能自學。教師必須對學生有足夠的指導，包括在建立檔案前的單元教學中指導學生閱讀策略，在建立檔案過程中，教師應給予學生回饋，幫助他們在學習過程中反思。同時教師也須提供學生自行訂立目的和選擇學習顯證的權力。當學生在建立學習檔案的過程中，懂得自我監控，欣賞同儕閱讀的心得，並獲得同儕和老師的鼓勵，他們便會喜愛閱讀。假以時日，學生便能內化為主動閱讀，擁有自學的寶貴鑰匙，開啟知識之門，這是終身學習的重要元素。

參考文獻

課程發展議會（2009）《新高中課程及評估指引》，香港：香港教育局。

Campbell, L., Campbell, B and Dickinson, D. (1996) *Teaching and learning through multiple intelligences*, Boston: Allyn& Bacon.

Cole, D. (1995). *Portfolio across the Curriculum and Beyond*, Thousand Oaks, CA: Corwin Press.

Cole, D.J., Ryan, C. W., Kick, F., (2000) *Portfolio across the Curriculum and Beyond*, Thousand Oaks, CA: Corwin Press.

Nimmerman, B. J. (1989). *Models of self-regulated learning and academic achievement*. In Zimmerman, B. J., & Schunk, D. H. (Eds.), *Self-regulated learning and academic achievement: Theory, research, and practice* (pp. 1-26). New York: Springer-Verlag.

促進學習的回饋：中國語文科作文評語的運用

1. 引言

　　學生在學習過程中得不到教師給予適當的回饋，他們又怎會知道自己的學習表現和成效？課程發展議會與香港考試及評核局（2007）指出優質的回饋，能有效促進學習，對學生能發揮正面的激勵作用。語文科教師常給予學生回饋，希望能提升他們的語文能力，尤其是教師在批改作文時所撰寫的評語，不但能修正學生作文的失誤，而且能夠激發學生的寫作興趣，只要他們有興趣，並樂於嘗試創作，相信對他們學習語文有一定的幫助。教師應怎樣撰寫評語呢？本文先分析促進學習的回饋和撰寫評語的重要性，然後探討中文科教師撰寫作文評語的一般情況和分析教師如何巧妙運用作文評語，希望藉此啟發教師對撰寫評語的認識。

2. 促進學習的回饋（Feedback for learning）

　　很 多 學 者（Sadler 1998；Stefani 1998；Black & William，1999；Yorke，2003）都認為回饋能對學習產生重要的影響。所謂"促進學習的回饋"是指教師給予學生回饋時應指出學生的學習現況，教師能就現時學生的表現和預期學習的成果作出比較（Black，1999），分析他們的表現，從而提出回饋，促進學習。要促進學生學習，回饋必須具方向性，鼓勵性和獨特性，對學生的學習充滿期望。

2.1 方向性

　　教師可因應教學目標，觀察和評估學生是否達標，並給予回饋。回饋必須配合教學目的，回饋的內容應具方向性，積極引導學生學習得更好（Wiggins 1999；Irons 2008）。Berry（2008）認為學習性回饋就是指教師要提出學生可改善學習的方法。但有時教師給予學生很多回饋，但要學生改善的地方太多，他們可能會消化不下，令他們無從着手。若是教師給予學生回饋的內容很精要，能因應學生的能力提出具體的改善方向，學生便能有所適從，知所改善。

2.2 鼓勵性

學生是需要被稱讚才能引起學習的動機和學習新技能（Koopmans 2009），興趣是學習動力的根源，教師的一句稱讚話語的確能觸動學生的心靈，這種鼓勵語能激發他們對學習的興趣和信心。Berry（2008）認為這是一種動機性回饋，具激勵學習的作用。這些鼓勵，是對學生抱有一種期望的表現，能引發他們學習的興趣。回饋好像替學生增設了加油站，教師為他們打打氣，能令他們心靈上產生安慰，從而積極學習，所以鼓勵語是教師給予學生回饋重要的一環。

2.3 獨特性

每位學生的學習能力和興趣都不相同，他們有不同的學習需要，回饋正好給予教師機會照顧個別學生學習的差異，回饋不可千篇一律，教師必須因應學生的興趣、程度和能力而作出不同和多元化的回饋（Irons 2008）。要照顧個別學生的需要，教師盡可能配合學生"最近發展區"（Vygotsky 1978）提出回饋，提升他們的學習能力。教師甚至要了解學生的個性，評出特色。他們必須具一雙慧眼，洞察學生的不足，發現學生與眾不同的光點（路生良 2009）。只要學生發現自己有出眾之處和受人賞識的優點，他們便會學習得更積極；只要教師能了解學生的不足，才能有效地針對他們個別的需要，提出具體的建議。

3. 撰寫中文寫作評語的重要

回饋的形式主要可分為口頭和書面兩類。撰寫評語是屬於書面的回饋，中國語文科教師較重視在寫作範疇上為學生撰寫評語。最近國內的研究發現在收集書面評語的過程中，除了中國語文科外，在數學、英語學科中，很難看到教師撰寫評語（于志、蔡敏 2011）。由此可見中文科教師較任教其他科目的教師多寫評語，尤其是為學生的作文撰寫評語，原因有二：一是從教學和評估的角度而言，撰寫評語，是對學生寫作能力的鑒定，讓學生清楚了解自己寫作的優點和缺點。教師希望用評語向他們提出改善的方法，提升他們的寫作能力。二是從師生互動的角度而言，評語可以加強師生間的交流，是教師與學生感情交流的渠道。中國語文科其中一個課程目標是培養學生的情意態度。最近教育局課程發展處（2010）在《新高中課程中國語文》文件中清楚列出"中國語文課程重視培育學生的語文素養，語文素養是指知識、能力、情感、態度在語文方面整體和綜合的表現……使學生的讀寫聽說的能力、思維能力、自學能力、情感、態度和價值觀等得以全面發展。"（頁 4）。要了解學生的全面發展，例如他們待人處事的態度和價值觀，教師除了在課堂和課外多觀察學生的表現外，也可在他們的作文多留意他們對事物的想法。所謂"文如其人"，教師從學生的作文或多或少可多了解他們的性格。撰寫評語時，也可對他們的想法作出回應，啟發學生正確地認識自己，樹立正確的人生觀。評語可加強教師和學生間的交流，促進學生語文及個人的發展。

4. 中文科教師撰寫作文評語的一般情況

4.1 評語較一般，流於空泛

　教師為學生撰寫作文評語時大都採用眉批 [1] 和總批 [2]。無論是眉批或總批，于志和蔡敏（2011）的研究發現書面評語的具體程度令人不滿意，具體的作文評語僅佔百分之三十，大部分評語都是較空泛，研究更指出千篇一律和程式化的現象尤為嚴重。教師多喜歡運用"內容充實"、"內

1　在作正文的旁邊寫上批語。

2　在行文的後邊寫上總評。

容空洞"、"注意錯別字"、"注意句子的完整"等一般評語,其實這些評
語是空泛的。若教師並沒有舉例說明,學生並不明白怎樣的文章才算
"內容充實"。為甚麼自己的文章"內容欠充實"呢?怎樣才可以改善寫
錯別字的習慣?若大多數學生犯的毛病,教師會在課堂上和學生解說。
最理想的做法當然是教師評閱作文後多和個別學生溝通。可是一般語文
教師的工作量也相當大,加上全班人數眾多,他們根本沒有時間在每次
批改寫作後和所有學生作個別溝通,所以一些具體的評語是需要的。

4.2 教師主導的評改

許多教師批改學生作文時,一旦發現他們的缺點,就往往自己動手
幫助學生改正(徐江梅 2009)。原因很簡單,有些教師可能認為學生的
能力未能達致修改文章的能力,甚至不能寫完整的句子,所以他們認為
倒不如由自己修訂,撰寫評語作總結。這種以教師主導的批改和撰寫評
語的方式,降低了學生主動修訂文章的能力;同時由於撰寫評語只有教
師一人,這意味着教師是閱讀學生作品的主要讀者,學生為了討好教
師,往往依從教師的喜好來寫作,文章缺乏個性。就"中秋節"為題,
很多學生描述當天與家人賞月的情況,他們以為這是教師期望的內容,
但實際上有些學生卻不是這樣度過中秋的,他們可能只是如常地玩電腦
和看電視,但為了討好老師,只好記敍一個不是真實的中秋,由此可
見,以教師為主導的評改對學生的寫作是有潛在的影響。

4.3 學生欠缺對教師評語的跟進

教師常常抱怨辛辛苦苦寫的評語,有些學生看一眼就扔下(毛榮富
2011),對評語毫不重視(李繼兵 2011),對修改作文也不感興趣(李賢
英 2011)。現時一般學生收到教師評改的作文後,先看看自己所得的分
數,然後再閱讀教師給予的評語,但是大部分學生對評語並沒有積極進
行跟進的工作。他們通常對評語的跟進只限於謄寫一次教師評改的作
文,或填寫教師預先制訂的工作紙。工作紙的內容是總結全班學生常犯
的毛病,希望他們從中學習。Schen(2000)認為教師給予學生回饋後,

學生應作適當的重溫和修訂，才能達到學習的成效。回饋之後的重溫和修訂，能幫助學生改善所學，對學習產生重要的影響。如果學生欠缺對評語的跟進，又怎能提升自己的寫作能力？

5. 如何運用作文評語？

不少教師花了頗多時間批改學生的作文和撰寫評語。教師花盡心思的批改是否能達到預期的成果？怎樣運用評語才能引起學生對寫作的興趣和提升他們的寫作能力？以下是筆者一些建議：

5.1 善用引導修改型的評語

Gallavan（2009）認為教師給予學生的＂回饋＂就像為他們建構鷹架，協助他們學習。批改作文的目的就是教師幫助學生建構所學，讓他們明白自己作文的優點和缺點，能自行修改，提升他們的寫作能力。為了幫助學生學習修訂作文，劉沖（2009）建議可用＂引導修改型的評語＂，他解釋：＂通過提出問題的方式，從形式到內容，從觀點到材料，從佈局謀篇到遣詞造句，對學生進行點撥，啟發學生思考自己的作文的得失，自己去修訂作文，從而領悟作文的方法，提高作文的能力。＂（頁55）例如一位小學六年級的學生寫了一篇以＂我最喜歡的人物＂為題的作文，但內容平鋪直敍，欠充實和感染力，人物形象也不鮮明。文章還有些錯別字和病句。對上述學生常犯的毛病，教師可運用引導修改型的評語。例如：

就內容欠充實方面，教師可用評語提出以下問題：

　　1. 你最喜歡的人物有甚麼性格？

　　2. 你可發現哪些事情最能表現他的性格？

　　3. 有哪些言談舉止，心理描述可突出他的性格？

　　4. 他的行事為人方面有甚麼地方令你欣賞？可否舉例？

就句子和錯別字方面，教師可在犯錯的地方，提出指引：

　　1. 這句子有一個錯字，你找到嗎？找到後便修改它。

2. 這句話讀起來很不通順，請你改正它！

以上的書面提問，是針對學生作文的缺失，為學生提供方向性的回饋，希望學生就提問修改文章。在教師的啟發下，學生與自己的作文對話，與教師的評語對話，從而培養出修改自己文章的能力，這對提升寫作能力有一定的幫助。

5.2 巧用交心型的評語

一向以來，教師都是以權威姿態，語文專家來批改學生的作文。（劉沖 2009）則認為"如果教師一改威嚴的面孔，以學生的身分，以聊天談話方式，用生動活潑和充滿關愛的評語，與學生進行心靈的溝通，就會收到很好的效果。"（頁 55）交心型的評語是教師對學生寫作內容的感受和體驗。教師能以朋友的身份，平等地和學生交流，用商量的語氣來達到啟發的目的（王莉 2011）。劉沖（2009）稱為"聊天交心型的評語"，張海燕（2009）則視為"朋友式的評語"。例如有學生在"中秋節"一文中記敘當晚父母要出外工作，他在家中悶悶不樂的情況。以下是教師所用的部分評語：

"很感謝你對我的信任，告訴我你很不開心。我在小時候也有類似的經驗，我會……希望你也像我一樣獨立，不要不開心。告訴你一個好消息，你能寫出自己的感受，文筆通順，作文日見進步呢！希望你的情緒智商也有進步。"

當學生看到評語後便覺得教師的說話是肺腑之言，師生間的心理距離縮短了，師生間的關係也加強了。上述教師的評語不但回應了學生的個別獨特性問題，而且充滿教師對他的關愛，糾正學生的想法，具鼓勵作用。

5.3 恰當運用讚賞的評語

對學生下的評語，要做到恰當褒貶，更應是肯定他們優點（路生良 2009）。讚賞的評語能指出學生的優點，加以表揚和讚美，令學生對寫作產生動力和信心。這些讚賞能鼓勵學生，激發他們的寫作興趣（張玉清 2011），縱使只是文章的一些細小部分，教師也可以多給予肯定和表場。例如對學習上有進步但信心不足的學生可批上："只要肯努力，定有好成績"，對一向草率但這次作文較認真的學生可批上："認真是進步的開始"（戴曉娟，2005）。對於有極大改善的學生，可批上："這篇作文進步如此大，足見你具有作文的潛力"、"老師相信你的作文一定會有很大進步"、"只要努力，你同樣可以寫好作文"（劉沖，2009）。又例如以下是一些讚賞評語，可加強學生的成功感：

> "很有古代文言書信的韻味，行文也不造作，頗為流暢，是一篇很不錯的作品。"

> "內容不落俗套，令人眼前為之一亮，文章寫得實在太棒了！"

> "行文流暢，觀點明確和獨特，脈絡分明。自古英雄出少年，你可謂當中的佼佼者。"

5.4 批評語的寫法

雖然讚賞的評語能表揚學生的能力，使他們產生學習的動力，但是教師也需要指出學生的缺點，否則學生不知道怎樣改善。撰寫批評語比撰寫讚賞語較困難。若用直接和強硬的評語，可能會傷害學生寫好文章的信心；若評語是用挖苦的語調，更會傷害他們的自尊心；若用委婉的語氣，學生可能不明所指，更不知如何改善。Hyland，Fiona & Ken Hyland（2001）建議教師採用"合併行動形式"（Paired Act Pattern）來撰寫批評語，藉此減少學生對閱讀批評語產生的誤解和不快，以下是他們的一些建議：

5.4.1 讚賞和批評（praise-criticism）

教師先稱讚學生表現得好的地方，然後才指出一些不當之處。

> "內容有趣生動，但有些句子不完整，文意不清楚。"

> "你的字體已有改善，很好！但所用的詞語較千篇一律。"

> "文章的開端能概括全文，可惜結尾寫得馬虎。"

　　"你這封書信可謂一語中的，切中肯綮。但楊修應當怎樣趨吉避凶，遠離災劫？你在書信中又缺乏片言隻語，實屬可惜！"

　　"本文誠然是一篇文意通順的文章，但提出改善建議部分便不夠詳盡和具體了。"

5.4.2　批評和提議（criticism- suggestion）

教師批評學生表現較差的地方，然後提出改善的建議。

　　"故事內容太平淡，請你多加人物的對話，增加趣味。"

　　"沒有分段，讀起來很不方便，結構欠層次。可否請你將文章分為二段或三段？"

5.4.3　讚賞、批評和提議（praise-criticism-suggestion triad）

教師讚賞學生一些表現，也指出不當的地方，從而提出建議。

　　"我很欣賞你的努力，你的作文日見進步，但你要注意常寫錯別字，可閱讀'錯別字'一書，希望這本書對你有幫助。"

　　"你的字體已有改善，很好！但不要常常重複慣用的詞，例如"高興"一詞在文章出現了四次，可否嘗試用另一詞語代替？。"

　　"同學寫本文時確實有大眼光、大氣魄，文氣上下馳騁，縱橫捭闔。不過，有大眼光、大氣魄之餘，還要有駕馭微小事情的能力。文章中開頭部分如果能輔以例證，說服力一定更強，效果也會更好。"

Hyland，Fiona & Ken Hyland（2001）還建議教師採用一些禮貌的用詞和提問方式提出意見。例如教師可多運用"可以"、"請你"、"若能……"、"或許"、"如果"等詞語：

　　"你可以多運用不同類形的修辭手法，例如比喻法和對比法。"

　　"你的論據不足，如果有適當例子，文章更有說服力。"

　　"請你小心運用標點符號，不要一逗到底。"

　　至於運用句式方面，教師可多採用提問句，例如："第一、二段可否合併？"，"你可不可以多寫一些自己的感受？例如你覺得開心嗎？為甚麼？"等，啟發學生如何修訂文章。

5.5 多嘗試對話式的回饋

　　教師寫了評語後，學生有沒有跟進？他們對教師所寫的評語有甚麼看法？他們有沒有回應的機會呢？回饋應雙方面的溝通（Treglia 2008），最常見的是用對話。對話式的回饋是指學生接受教師回饋訊息（例如評語），他們有機會和教師討論（Nicol& Macfarlance-Dick 2004），學生可就教師給予的回饋作出回應（Irons 2008）。若教師沒有太多時間和學生討論，可預先設計回饋表讓學生填寫，回饋表是學生用書面的方式與教師對話，回應教師所寫的評語。這種做法一方面可幫助教師了解學生對評語的看法和遇到的困難，另一方面可考查學生有沒有對評語作出跟進。有些回饋表列明教師的評語，然後請學生寫上可改善的地方，並附錄在下一次的作文，方便教師檢視和跟進他們有否改善。

5.6 自創有趣的評語

　　教師可善用修辭手法來寫評語，讀起來有趣又生動，學生樂於接受。以下是一些例子：

　　　　"文思如潮湧，內容很豐富。"

　　　　"你常常粗心寫錯別字，請你和'小心'交朋友！"

　　　　"字字皆辛苦，句句都是你的心血，很欣賞你的努力。"

　　　　"行文流暢，如讀名家作品。"

　　　　"這是一碟未調味的小菜，要多加修飾和調味。"

　　　　"我讀完你的文章，腦海出現一片雲，不明白你所表達的意思。"

　　　　"你的句子像散沙，很不完整。"

　　　　"錯別字頗多，破壞你的文章氣勢，快快把它們趕走。"

　　　　"字體像麥兜的真跡，要好好改善。"

　　"認清楚你的字以後，我的老花眼加深了。"

　　"內容妙極了，令我捧腹大笑。"

　　這些有趣的評語，是教師自創的傑作，打破了一般所寫的評語。教師根據學生的作文特點，用輕鬆活潑的筆調寫出他們作文的問題，學生樂於閱讀，也易於接受。

6. 結語

　　撰寫評語是教師的心血結晶，可促進學生學習。在倡導素質教育的同時，語文教師給予學生作文書面評語是不容忽視的。教師在作文批改上務必做得恰到好處，讓學生明白自己學習的得失，知所改善。評語要對學生有所期望，多作鼓勵，可激發他們對寫作的興趣和信心。有了自信，學生自然勇於寫作，發展他們的寫作能力，因此，教師撰寫評語對提高學生作文水平具有十分重要的作用。

　　要寫好評語，教師所花的心思和時間實在不少，例如引導修改型評語要教師再檢視學生是否回應評語，而交心型評語也需要教師花費較長的時間來撰寫。語文科教師批改作文的工作量大，可能有教師認為要實行本文提出的建議，並非易事。但筆者深信只要教師能看到學生從評語中有所得益，師生有所交流，學生的作文有所進步，他們會樂於嘗試，覺得花時間為學生撰寫有素質的評語是值得的。此外，隨着本港出生率下降和小班教學的推行，每班學生人數減少，教師可以有較多時間針對個別學生的需要撰寫評語，小班教學正為教師提供一個良好的契機實踐本文提出的理論和方法。

參考資料

戴曉娟（2005）批語，在英語作業批改中不可缺少，《文教資料》，36，140。

李繼兵（2011）談談作文的評語標準，《文學教育》，8，46。

李賢英（2011）淺談如何培養學生修改作文的能力，《中學教學參考》，94，68。

劉沖（2009）作文評語類型例說，《學語文》，2，55。

路生良（2009）關於作文評語的幾大環節，《小學教師》，2，83。

毛榮富（2009）評語三忌，《現代教學》，9，45。

王莉（2011）淺談小學作文的評語，《小學教學研究》，26，24。

香港課程發展議會（2010）《新高中課程中國語文》，香港：香港印務局，第 1 版。

徐江梅（2009）如何通過作文評語觸動孩子的心，《中國科教創新導刊》，12，175。

于志、蔡敏（2011）小學高年級教師評語的調查研究，《教學與管理》，23，23-25。

張海燕（2009）小學生習作評語的個性化，《小學教師》，2，81。

張玉清（2011）注重情感，尊重個性，寫出利於學生成長的特色評語，《學周刊》，22，96。

Berry, Rita. (2008). *Assessment for learning*, Hong Kong: Hong Kong University Press.

Black, Paul.(1999). "Assessment learning theories and testing systems", in P. Murphy (ed.) learners, *Learning and Assessment*, London: Paul Chapman Publishing,118-134.

Black, Paul. & William, Dylan."*Assessment for Learning: Beyond the Black Box*", Cambridge, Assessment Reform Group, University of Cambridge, pamphlet 371.26 ASS, available at www.assessment-reform-group.org.uk/.AssessInsides.pdf, 1999 (accessed September, 2004)

Gallavan, Nancy..P. (2009). *Developing Performance-Based Assessment*, Singapore: SAGE Asia-pacific Pvt. Ltd.

Irons, Alastair. (2008). *Enhancing Learning through Formative Assessment andFeedback*, New York: Routledge.

Koopmans, Marieta. (2009). *Feedback Mastering the Art of Giving and Receiving Feedback*, Singapore: Publisher of Schouten Global.

Nicol, David. & Macfarlane-Dick, D. (2004)."Rethinking formative assessment in HE" in C. Juwah, D. Macfarlane-Dick, B. Matthew, D. Nicol, D. Ross & B. Smith, *Enhancing Student Learning Through Effective Formative Feedback*, New York, HE Academy,3-14.

Sadler, Royce. (1998)."Formative assessment and improvement of academic learning", *Journal of Higher Education*, 54,60-79.

Schen, Molly VanCampen. (2000). *Teacher Feedback and Student Revision*, Ann Arbor: Bell and Howell Information and Learning.

Stefani, Lorraine. A. J. (1998)"Assessment in partnership with learners", *Assessment and Evaluation in Higher Education*, 23(4), 339-350.

Treglia, Maria Ornella. (2008). "Feedback on Feedback: Exploring Student Responses to Teachers'Written Commentary", *Journal of Basic Writing*, 27(I), 105-137.

Vygotsky, Lev Semenovich. (1978). *Mind in Society*, Cambridge: Harvard: University Press.

Wiggins, Grant.(1999). *Feedback*, Pennington, NJ: CLASS Publisher.

Yorke, Mant. (2003). "Formative assessment in higher education: moves towards theory and the enhancement of pedagogic practice", *Higher Education*, 45, 477-501.

轉載自：廖佩莉（2012）促進學習的回饋：中國語文科作文
評語的運用，《中國語文通訊》，91(1)，37-45。

香港小學中文科教師對學生
同儕互評目的的認識與意見調查

　　香港課程發展議會（2008）修訂的香港小學中國語文課程，建議多創設學習空間，為學生提供自主探究和獨立思考的機會，讓他們從實踐中建構新知識和掌握語文能力，打好終身學習的基礎。在學習和評估過程中，學生能自覺地進行自我監控，能總結經驗，培養糾正錯誤的能力。如果評估方式只限於傳統語文教師評改的紙筆測試，根本未能達到課程改革的要求，因此教師設計的評估方式應該盡量多元化，給予學生多方面的參與。同儕互相評估（下文簡稱"互評"）是近年教育局提出"促進學習的評估"的其中一項重要評估活動。根據一項研究（廖佩莉，2007）發現大部分（四分之三）受訪教師認為他們都不大注重多元化評估方法。其中部分受訪者自稱對這類評估認識不深。究竟香港小學中國語文教師對學生互評活動的目的認識有多少？他們有甚麼意見？本研究旨在探討小學中文教師對學生同儕互評目的的認知和意見，最後提出一些建議。

文獻回顧

同儕互評

　　互評是指由學生檢視同儕的表現。早在 80 年代，同儕互評活動是學生評估同儕所學；同儕互評活動被視為是一種評估工具（van den Berg, et al., 2006）。Topping（1998）認為同儕互評是個體對相似地位的同儕，進行學習成品及結果的評價活動。

　　其實互評不只是評價，更是一個學習過程。互評的目的是幫助學生的學習（Pond & ul-Haq, 1998），引起他們學習動機（Brown & Dove,

1991）。學生參與同儕互評的過程中能獲得一個良好的學習機會，加強學生互動（Sher & Twigg, 1998），進行深層學習（Race, 2001）。在同儕互動的過程中學習者批判和反思同儕所學（Roberts, 2006），學生有責任為同學評估他們學習的素質，有時為別人給予等第，也可給予書面或口語的意見（Orsmond 等人，2004），但學生必須為他的同學指出優點和缺點，對他們的學習過程給予進展性的回饋，從而改善學習（Hinett & Thomas, 2009）。在互評活動中，一方面學生可從別人身上學習（Brown, et al., 1998）；另一方面學生要為同儕作出理性的評價，必須先要了解自己對學習的認知（Lorraine, 1994），這是一種認知活動，當學生批評同儕學習上的缺失和提出意見，便可幫助他們更深入認識自己的學習（Van Leha 等人，1995），引致自我評估及反思的能力（Mindham, 1998）。在互評的過程中能促進批判能力，加強學習的信心和獨立能力（Falchikov, 1991）。李新華，劉俊強（2009）甚至認為互評可培養學生的創造力、表達能力、主動性和抗挫能力。

互評的理念

互評的理念主要依據"建構主義"（Constructivism）。"建構主義"學者認為知識並不存在於外部世界，知識是學習者基於個體經驗活動而產生的，因此，知識是不斷通過人的經歷和探索去發現和建構。學習者要和他人協作，甚至要與環境相互作用，逐步構建所學（南敬實，2006）。這是 20 世紀後期的一種理論，源於皮亞傑（Piaget）的認知發展理論，及其後維果斯基（Vygotsky）發展的社會心理學理論。根據Vogotsky(1978) 的"相鄰發展區"理論，在交互和共同建構知識的過程中，學習者在水平較高的同伴幫助來學習，比單獨學習能取得更大進步。在建構的過程中學習者要以自己已有知識為基礎，作出主動探索。他們不是純粹的訊息接收者；教師再不是純粹傳授知識。學習與評估是學習者建構所得。就維果斯基（Vygotsky）的社會心理學理論來說，教師並不是唯一評價他們所學的人，學習者甚至可對同儕的學習作出評價，在互相討論中評價和建構所學。

遇到的困難

教師實行學生同儕互評活動會遇到不少困難，最大的問題是學生未必習慣這做法，起初實行時，他們欠缺經驗（Falchikov, 1998），尤其是評分方面，他們仍需要教師的引導（王凱，2005）。如果學生互評是計分的話，Boud（1989）則認為是有潛在的隱憂，甚至引致評分不公平（Mindham, 1998）。有些學生互評的分數是受同儕之間的友誼影響（Pond & ul-Haq, 1998），不能公平的給分。Liu 和 Carless（2006）則指出大部分學生都不贊成在互評中計分。若教師的給分與學生的給分有異，教師必須制訂如何調適分數的步驟和機制，以減少彼此給分的差距（Boud, 1989）。同時學生必須學習如何準確地評分和評級，要清楚明白評分準則（Tillema, et. al., 2011），教師甚至要對那些學生能準確地評分者進行獎賞（Sadler & Good, 2006）。但其實教師對制訂評估準則也是有困難的（Pond & ul-Haq., 1998）。肖俊淇等人（2008）指出，互評最大的困難是學生覺得互評時間不充裕，同伴的表現不積極，互評在成績考核中佔分太少。若然互評活動太多，學生可能因負擔太重而失去興趣。

近期的研究

最近大部分西方同儕互評的研究都是集中在大學和專業課程（Brew et al., 2009；Li et al., 2010），學生同儕互評活動確能幫助大學生學習和發展為專業者（Vu Dall'Alba, 2007) 和評估的主導者（Bryant 和 Careless, 2010）。Vickeman（2009）嘗試從學生角度探討他們對進展性同儕們一些有效的評估方法，相信互評的信效度與教師的評分分別不大。Van Zundert 等人（2010）指出要提升互評的素質，必先加強學生的培訓和學生的互評經驗。

近年有關香港方面同儕互評的研究並不多，大多在小學英文科（Bryant & Careless, 2010）和在中學英文科(Mok, 2011）實行個案研究。Bryant & Careless（2010）發現教師認同將同儕互評活動可幫助總結性評估；Mok（2011）則認為須幫助教師多了解這種新的互評評估模式，學生的心理準備仍不足夠。至於香港中文科的相關研究，仍未見諸文獻，國內和台灣在這方面的論文則較多。

與中文科相關論文

葉聖陶先生在《大力研究語文教學，盡快改進語文教學》一文中強調要培養學生改正的能力，這是終身受用的。這種能力有利學生對自己形成一個正確的認識，這是最難培養的一種能力（金月清，2008）。劉克松（2008）指出學生對互評樂此不疲，互評能為學生主動探索和發現提供空間和機會，實現有效的、多向的和高質量的互動，從而提高語文教學的有效性。張麗華（2008）認為用互批改作文，效果比單純地由教師批改要好得多，互評可以讓學生互相學習，取長補短（董衛娜，2011），學生便能有自己修改作文的能力，真正成為作文的主人，實現學生的自主發展（段志群，2008；王潤香，2011），互評是幫助學生自主學習的有效手段之一（彭莉芳，2011）。甚至可以提高學生的寫作能力和對寫作的積極性（段志群，2008；閔愛梅，2008；周玉紅，2008）和興趣（歐陽書琴，2011），讓學生在互評中變得主動起來（馬緒紅，2011）。王瑀（2004）指出在國小階段寫作課若加入互評後的同儕討論，能增進同儕互評的成效，進而提升小六學生的說明文的寫作能力。上述的論文，大都是針對中文科有關寫作的學生同儕互評。至於有關中國語文科教師一般對學生互評目的認識和意見，過去實在缺乏足夠及堅實的研究基礎。有鑒於此，本研究便嘗試在這方面進行一些探索工作。

研究目的和方法

"促進學習的評估"是近年教育改革的重點，它是結合教學與評估，以促進學生學習，同儕互評是促進學習的評估重要的一環。研究員任教香港教育學院中文學系各課程有關"評估"的單元，雖然有很多教師在校內有進行學生同儕互評活動，但他們對活動卻認識不多和產生疑慮，有許多的問題仍需進一步探究及澄清，為了深入了解他們對學生同儕互評的認識和意見，有助對症下藥，因此本研究旨在探索下列問題：

1. 中文科教師認為學生同儕互評的目的甚麼？

2. 中文科教師對實行學生同儕互評有甚麼意見？

本研究採用定量研究（Quantitative Approach）和定性研究（Qualitative Approach）兩種方式。定量研究是採用問卷調查方式；定性研究是採用與教師訪談方式。研究對象是香港小學中國語文科教師，研究樣本選取自 2009-2010 和 2010-2011 年度，修讀香港教育學院中文學系舉辦的中國語文科教師專業進修課程的學員。研究員先請 2 位教師閒談有關學生互評活動的意見才制訂問卷初稿，然後再邀請 3 位教師預試，研究員再根據他們的意見，訂定問卷正稿。問卷內容有四部分：一是教師對學生同儕互評的認識；二是教師對同儕互評這命題的看法；三是個人資料；四是意見欄。

定量研究是採用問卷調查方法，共派發了一百三十份問卷，收回一百零八份，回收率達百分之八十三。填寫問卷的教師是來自不同的學校，他們具有不同的教學年資（由四年到二十五年，見表一），從事小學語文教育工作的經驗有五年以上，教學經驗相當豐富。

表一：教師的教學年資

年資	百分比
1-5 年	3.7
6-10 年	24.1
11-15 年	31.5
16-20 年	25.9
21 年或以上	14.8

填寫問卷的教師在校有不同的職務，課程發展主任（同時任教語文科）佔 12.1%，科主任佔 31.5%，語文科教師（沒有負責語文科行政工作）有 35.1%，其餘的有 14.8% 是級別聯絡人和 6.5% 是課程發展主任（沒有任教語文科），可見本研究的對象涵蓋工作範圍相當廣泛，具一定

的代表性。

　　本研究亦採取訪談方式，目的是建基於問卷的調查結果，更深入的收集教師對學生互評的看法。訪談對象來自填寫問卷的其中 6 位教師，研究員從表一各年資組別抽取一位教師，共 5 位。另外有一位教師在問卷的最後部分填上聯絡資料，並願意接受訪問，所以本研究共有 6 位受訪者。他們來自不同學校的教師，對語文教學有相當認識，其談話對本研究獲得深入而準確的資料大有幫助，能加強論證。訪問內容包括：

　　1. 教師認為學生同儕互評的目的是甚麼？

　　2. 教師認為實行學生同儕互評活動對學生有何得益？

　　3. 教師認為實行學生同儕互評活動遇到甚麼困難？

　　本研究引述各受訪者的意見時，將以訪 1、訪 2、訪 3……為六名受訪者的代號。

研究結果及討論

教師對學生同儕互評活動目的的認識

教師認為目的是培養學生評鑒能力和學生反思能力。

　　研究發現不足一成的教師（8.2%，見表二）認為學生同儕互評活動目的是評估學生的學習，可見只有很少數教師認同同儕互評活動單純是一種評估工具。表二顯示有超過四分之一教師（27.8%）認為學生同儕互評活動目的在培養學生評鑒能力，有 25.3% 教師認為是培養學生反思能力。有 16% 教師認為是培養學生自主學習能力。他們都認為互評可幫助學生的學習（Pond & ul-Haq, 1998）。研究發現很多教師並不盲從學校和現時教改的要求而為學生設計同儕互評的活動。只有一成多教師（13.6%）認為是因應現時教改的要求。不超過一成教師認為學生互評的目的只是因應學校要求（7.4%）。問卷中雖然有"其他"一項，可是沒有教師回應。

表二：教師認為學生進行同儕互評的目的

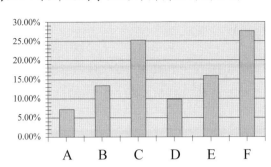

（備註：A. 因應學校要求　B. 因應教改要求　C. 培養學生反思能力
D. 評估學生學習　E. 培養學生自主學習　F. 培養學生評鑒力）

四位（三分之二）受訪者認為他們對學生的同儕互評活動是認識。
有教師解釋：

"評估除了是由老師作評估外，學生互評也可以幫助訓練學生的思
維能力，幫助他們反思所學，可以令學生更專心及認真……"（訪 3）

當受訪者被追問如何幫助學生反思，他們均能指出在同儕互評中可
讓學生互相學習。當別人表現出色時，他們會欣賞，想想自己也可以向
他人好好學習；當別人有錯時，他們會指出缺點和批評，從中學習，別
人的缺點也可能是自己要改善的地方。這正是董衞娜（2011）所説的互
評能幫助學生取長補短。在學生互相學習取長補短的過程中，他們須與
同儕合作，互相學習，然後逐步構建所學，這正是建構主義的理念。

但受訪者未能説出培養學生自主獨立能力這類較深層次的目的，即
是説教師認為學生未能在同儕互評中加強學生獨立學習能力（Falchikov,
1991）和未能培養學生的自主發展（段志群，2008；王潤香，2011）。

雖然有認識，但教師實踐時卻有所保留。

大部分教師能認識為學生設計同儕互評活動的目的，但在實行上並
未能充分發揮其理念，他們仍持保留態度。表三顯示了超過四成教師
（42.6%）認同他們對學生同儕互評的目的有充分認識，但是亦有四成
多（44.4%）教師表示沒有意見。此外，只有三成多教師（37.1%）不認

同學生互評的效果，但卻有超過四成多教師（44.4%）表示沒有意見。然而，大部分教師（76%）認為在中文科讓學生同儕互評是重要的，但是在實際教學上，只有三成多教師（31.5%）認同他們知道怎樣設計學生的互評活動，但卻有一半教師（50%）表示沒有意見，由此可見很多教師雖認同學生互評的目的和重要，但對學生同儕互評的落實和成效也有所保留。

有五名受訪者（六分之五）表示對實踐互評活動有所保留，在深入訪談中，可歸結為兩個原因：一是他們不懂得怎麼運用互評，也不甚清楚互評的成效，其中一位受訪者說：

> "我認識它的目的和重要性，但是我不大清楚怎樣應用……我有時也會為學生設計互評活動，但我不知道活動是否有效？"（訪 5）

這位教師明確地指出對學生同儕互評的應用認識不足，未能轉化為深層的應用能力（Transfer of learning）。

原因二是教師認為校方可能對學生互評活動有所誤解，兩位受訪者（三分之一）表示：

> "我擔心學校管理層誤會我們（教師）懶惰而把習作交給學生評改……"（訪 4）

> "很多學校高層只重視總結性評估，互評活動並不重要，我只是在課堂上隨意進行互評而已。"（訪 1）

教師有這樣想法，正好說明學校高層只重視總結性評估而忽視互評活動。這論點可以在問卷的第四部分意見欄上所得的數據互相引證，有十一位教師在這欄寫上學校忽略互評活動，校方沒有明確表示要實行學生同儕互評活動，所以教師對互評活動也有所保留。

教師意見

學生得益。

研究發現超過六成教師（64.8%）（見表三）認同學生很樂意進行同儕互評活動，有五位（六分之五）受訪教師舉例學生在作文堂和說話課都很喜歡同儕互評活動，例如有兩位表示：

"學生很喜歡閱讀同儕的作文，看看別人的作文，從中與自己的作比較。"（訪4）

"他們（學生）說故事時，當聽到同學的讚賞時，他們樂透了。"（訪3）

學生在互評活動中確能多認識別人和自己的表現。研究又發現超過三成五的教師（35.2%）（見表三）認為學生在互評活動中能反思所學，四位（三分之二）受訪者也指出學生同儕互評有助他們學習和反思所學，例如有教師表示：

"如說話訓練，讓他們（學生）自評，他們便可以知道自己有沒有注意聲量、咬字吐音是否清晰，要注意哪些字，如是者便可以幫助他們學習……當他們批評別人的時候，其實是重溫一次自己所學。當別人批評和欣賞自己的時候，也會有得着，尤其是會記着要改善的地方，希望下次表現更好。"（訪6）

"互評活動能提醒他們要注意自己有沒有做到要求。"（訪1）

這研究顯示學生在同儕互評活動中，能批評別人和接受別人批評，從而提醒要注意自己有沒有做到要求。這是配合建構主義的精神，學習者在交互和共同建構知識的過程中，學生從批評中學習，這過程可幫助學習者更深入認識自己的學習（Van Leha 等人，1995），引致自我評估及反思的能力（Mindham, 1998），這比單獨學習能取得更大進步。

表三：教師的意見

項目	回應人數（所佔百分比）					平均值 (S.D.)
	1	2	3	4	5	
我對學生同儕互評有充分認識	0 (0%)	14 (13%)	48 (44.4%)	44 (40.7%)	2 (1.9%)	3.31 (0.72)
我認為在中文科讓學生同儕互評是重要的	0 (0%)	0 (0%)	26 (24.1%)	64 (59.3%)	18 (16.7%)	3.93 (0.64)

我不知怎樣設計學生的互評活動	4 (3.7%)	30 (27.8%)	34 (50.0%)	18 (16.7%)	2 (1.9%)	2.85 (0.81)
我覺得學生互評的效果不大	2 (1.9%)	38 (35.2%)	48 (44.4%)	20 (18.5%)	0 (0%)	3.07 (0.86)
學生其實不知怎樣互評	2 (1.9%)	26 (24.1%)	32 (29.6%)	42 (38.9%)	6 (5.6%)	3.13 (0.91)
學生樂於互評	0 (0%)	10 (9.3%)	28 (25.9%)	66 (61.1%)	4 (3.7%)	3.59 (0.71)
學生在互評活動中能充分反思所學	0 (0%)	16 (14.8%)	54 (50.0%)	38 (35.2%)	0 (0%)	3.20 (0.68)
學生在互評活動中有偏私	0 (0%)	12 (11.1%)	40 (37.0%)	54 (50%)	2 (1.9%)	3.43 (0.71)
我對設計學生互評的量表掌握不足	0 (0%)	26 (24.1%)	48 (44.4%)	34 (31.5%)	0 (0%)	3.07 (0.74)
我能跟進學生的互評表	0 (0%)	24 (22.2%)	56 (51.9%)	28 (25.9%)	0 (0%)	3.04 (0.69)

（1：代表非常不同意　2：代表不同意　3：代表沒有意見　4：代表同意　5：代表非常同意）

教師面對的困難。

　　表三顯示教師面對的困難。首先是部分教師（31.5%）認為未能充分掌握設計學生互評的量表技巧，有三位（二分之一）受訪者也遇到這問題，有教師舉例：

　　　　"我設計的學生互評表很簡單，以"優"、"良"、"尚"、"可"、"劣"五等作評估。但如怎樣才算是"優"等？我卻沒有明示學生。"（訪3）

　　由此可見教師並不認識怎樣為學生設計優質的互評表。若教師對互評表的設計含糊，試問又怎可以幫助學生反思？學生對五等的理解與教師所想是有分別的，學生又怎可以準確判斷同儕的表現？

　　其次是只有約四分之一教師（25.9%）認同他們能跟進學生的互評

表，可見並無很多教師對學生互評活動進行跟進工作，有三位（二分之一）受訪者也有這樣的想法，有教師解釋：

"我們（教師）日常工作已很忙碌，哪有時間在學生互評後進行跟進工作……若有時間，不如多改文。"（訪 4）

教師繁重的工作量，確是他們對學生互評活動跟進不足的原因。若教師能多了解和善用互評活動幫助學生學習，學生可以根據評分準則評論同儕的作文，其實有助減輕教師的批改方面的工作量。

本研究又發現教師認為學生對同儕互評活動了解不多，有四成多教師（44.5%）認同學生其實不知怎樣作同儕互評，甚至有過半數（51.9%）教師認為學生在互評活動中有偏私。有兩位（三分之一）受訪者也有類似的想法，其中一位教師指出：

"他們（學生）對自己喜歡的同學評分會高一點，他們的反思大都是『流水漲』（千篇一律）……可能我給他們反思的機會也不多。給予他們反思的時間也不多。"（訪 1）

學生對同儕互評活動了解不多是可以理解的，一向以來，學生都習慣紙筆的測考，由教師負責評估他們的成績；現在要他們進行同儕互評，正如 Falchikov（1998）所說，學生是不習慣的。加上教師未能充分掌握評量表的設計技巧，又未能提供明確的評估準則給學生反思。況且他們年紀尚小，少不免對同儕的評估會有偏私，所以在學生未熟習評估的準則時，學生為同儕互評是不應計分的。

總結和建議

本研究發現很多教師認為學生同儕互評的目的是培養學生評鑒能力和學生反思能力，但對實行互評活動時卻有所保留。原因是他們不甚清楚怎樣運用互評和它的成效，校方只重視總結性評估而忽略學生同儕互評活動。研究又指出教師認為學生很樂意進行同儕互評活動和從活動中反思所學，但是很多教師面對的困難卻不少，例如是他們未能充分掌握設計學生互評的量表技巧，教師未能對互評活動進行跟進工作，學生對同儕互評活動了解不多，出現偏私的情況。基於上述的發現，以下提出一些建議，希望能提升現行學生同儕互評活動的素質。

教師方面

開辦相關專業教師發展課程和研討會，加強教師對學生同儕互評的認識。

由於大部分教師對學生同儕互評活動認識不深，Van Zundert 等人（2010）指出要提升互評的素質，必先加強教師的培訓。香港教育界及各大專院校可開辦相關課程，例如研討會和工作坊（理論和實踐兩方面），課題應包括："學生互評的理論"、"互評和自主學習"等。工作坊的內容包括："如何規畫總結性評估和互評活動"、"制訂互評準則"等。課程培訓不但注重教師對學生同儕互評活動的應用能力，並且強調工作上的經驗交流。經驗交流和有關工作坊的成果，正好彌補教師在實踐上的不足。

教師必須多注意學生互評後的跟進工作。

本研究發現很多教師對學生互評後的跟進並不多。跟進工作對學生的學習是很重要的，在學生互評中，無論是被評的還是評人的，教師可從下列問題思考和觀察他們的表現：是次互評的目的是甚麼？他們的學習表現與預期的學習成果有沒有出現學習空隙（The learning gap）？這些問題有助教師發現學生"相鄰發展區"（Zone of Proximal Development）並提供即時回饋，從而拉近學生預期的學習成果和實際學習的距離。跟進工作可分為兩方面：一方面是教師給予學生即時回饋，照顧學生的個別需要；另一方面是教師收集學生互評表後，如果發現大部分學生未如理想，教師應調適教學策略。這正是李英梅（2007）所說教師從學生互評的表現，能反思自己的教學，為改進教學設計提供寶貴的機會。

學生方面

幫助學生進行有素質的互評活動。

本研究發現在同儕互評活動中，教師認為學生對同儕互評活動了解不多，出現偏私的情況。因為他們評估同儕只會用自己的想法，含糊的準則來評估。Falchikov（1998）認為有兩大因素影響學生同儕互評的成功：一是學生是否明瞭評估準則，若在準備練習時，學生能參與制訂準則更理想；二是要有充足時間給學生反思，這兩點看法很值得教師參考。現時教師為學生在聽、說、讀、寫四個語文範疇準則釐訂得較空泛，不夠具體，學生互評時很容易出現偏私的情況。若互評準則的釐訂能對應語文學習目標，並且將目標細分得更具體，加上明確的評分準則和例子說明，那就能幫助學生公平地評分。教師應盡量簡潔地說明評分的準則（Tillema 等人，2011）和出示優異的實例（Sher 和 Twigg，1998）。教師甚至可讓學生參與製作互評量表的評分標準，清楚明白評分的要求，評估自然會較客觀。

　　研究顯示學生反思的內容大都是相若，教師宜在互評活動中明確表揚學生具素質的反思，並指出每人反思的獨持性。同時教師亦應提供足夠時間給學生反思和評估同儕的表現。如果提供的時間不足夠，以致學生未能掌握重點作評估，他們便會敷衍了事，更談不上反思和評估自己所學。同時教師宜在進行學生互評活動前，多向學生清楚解釋互評的目的並不注重給分，而在於在活動中反思所學。Brew 等（2009）認為教師應多和學生溝通如何進行互評活動，Mok（2011）建議教師可多提點學生同儕互評的目的和優點，可幫助提升學生進行互評的心理素質。

學校方面

校方應鼓勵教師有系統規畫學生同儕互評活動。

　　一向以來，學校和教師都是重視語文科傳統紙筆的總結性評估，忽略了進展性評估，其中的學生互評活動，有些教師甚至認為可有可無。其實學生互評活動和總結性評估的關係是非常密切的。學生要在總結性評估取得佳績，他們必須在日常進展性評估中明白自己在學習過程中的表現，而知所改善和有所期望。若教師能有系統地進行學生互評活動，循序漸進地幫助學生邁向總結性評估的要求，學生在總結性評估便會有較理想的表現。互評活動能幫助學生邁向總結性評估的要求。課堂上進行同儕互評可幫助學生學習，讓他們在總結性評估中有所表現（Bryant & Careless, 2010）。因此校方宜多注意互評活動和總結性評估的關係，鼓勵教師有系統規畫學生同儕互評活動，提升學生總結性評估的表現。若教師得到學校的支持，也許會多留意全盤評估的規畫，不會只側重總結性評估。

以上的建議，希望能供香港和其他進行評估改革的教師作為參考。在香港，學生同儕互評的學校文化只是剛起步，仍在摸索階段，教師對這課題認識不深。未來研究方向可從行動研究着手，優化互評活動，深入了解學生互評與學習語文的關係，探討它的學習成效。

參考書目

董衞娜（2011）小學語文習作教學心得體會，《教育教學論壇》，31，70。

段志群（2008）談教師指導學生互評互改作文，《吉林教育》，23，50。

金月清（2008）精彩的評價，成功的喜悦，《小學校長》，4，97-98。

李英梅（2007）"自評與互評"的課堂實踐研究，《語文教育》，2，36-38。

李新華、劉俊強（2009）同儕互評在教學中的應用，《教育探索》，10，90-91。

廖佩莉（2007）理念與實踐：香港小學中國語文科教師對語文評估的意見調查，《教育曙光》，55(1)，51-58。

劉克松（2008）自評互評搞好作文教學，《文學教學》，7，114。

馬緒紅（2011）也説作文與評講，《小學教學》，10，17。

閔愛梅（2008）構建平台快樂起航：在互評互改中提高學生的作文能力，《考試周刊》，40，60。

南敬實（2006）建構主義學習理論指導下對自主學招的探討，《現代教育科學高教研究》，1，19。

歐陽書琴（2011）互批互評：提升習作興趣的橋梁，《生命教育》，18，77。

彭莉芳（2011）如何通過學生互評手段促進高中語文寫作活動，《中國科教創新導刊》，32，124。

王凱（2005）促進學生自評與互評需注意的階段與方式，《中小學管理》，11，51-55。

王瑀（2004）《以同儕互評與討論提升小六學童之寫作表現——以行動學習輔具教室為例》，國立中央大學學習與教學研究所碩士論文。

王潤香（2001）與學生在互動中得到提升——高中作文學生互評活動實施過程的探究，《語文學刊》，9，頁94。

香港課程發展議會（2000）《學會學習（學習領域：中國語文教育）》，香港：香港印務局。

香港課程發展議會（2004）《中國語文課程指引（小一至小六）》，香港：香港印務局。

香港課程發展議會（2008）《小學中國語文建議學習重點》，香港：香港印務局。

肖俊淇，張永勝、彭一鳥、肖哲英（2008）同伴互評：遠程英語教學的有機組成部分，《開放學習》，12，41-46。

張麗華（2008）互批互改作文法的新嘗試，《黑河教育》，3，23。

周玉紅（2008）如何指導學生互評作文，《新課程（教育學術版）》，12，91。

Boud, D. (1989). The role of self-assessment in student grading. *Assessment and Evaluation in Higher Education, 14*, 20-30.

Brew, C., Riley, P., & Walta, C. (2009). Education students and their teachers: comparing views on participative assessment practice. *Assessment & Evaluation in Higher Education, 36(6),* 641-657.

Brown, S., & Dove, P. (Eds.). (1991). *Self and peer Assessment*. Birmingham: SCED.

Brown, S., Sambell, K., Kay, & Mcdwell, L. (1998). What do students think about peer assessment. In S. Brown, *Peer Assessment in practice* (pp. 107-121). Birmingham: Staff and Educational Development Association.

Bryant. D. A., & Carless, D. R. (2010). Peer Assessment in a Test-Dominated setting: Empowering Boring or facilitating Examination preparation. *Educational Research for Policy and Practice, 9*(1), 3-15.

Costa, A. L. (1991). The School as a *Home for the Mind*. Palatine, IL, London: Skylight Training and Publishing Incorporation.

Falchikov, N. (1991). Group Process Analysis. In S. Brown & Dove (Ed.), *Self and Peer Assessment*. Birmingham: SCED.

Falchikov, N. (1998). Involving students in feedback and assessment: A report form the Assessment Strategies in Scottish Higher Education (ASSHE) project. In S. Brown, *Peer Assessment in practice* (pp. 9-23). Birmingham: Staff and Educational Development Association.

Glaserfield, E.V. (1995). A constructivist approach to teaching. In L. P. Steffe & J. Gale (Ed.), *Constructivism in Education*. Hillsdale, NJ: Lawrence Erlbaum Associates.

Hinett, K., & Thomas, J. (1999). *Staff Guide to Self and peer Assessment*. London: Oxford Rewley.

Kemmis, S. (1985). Action research and the politics of reflection. In D. Boud, R. Keogh & D. Walker (Ed.), *Reflection, Turning Experience into Learning*. London: Kogan Page.

Li, L., Liu, X., & Steckelberg, A. L. (2010). Assessor or assesse: How student learning improves by giving and receiving peer feedback. *British Journal of Educational Technology, 40*(3), 525-536.

Liu, N. F. & Carless, D. (2006). Peer feedback: the learning element of peer assessment. *Teaching in Higher Education, 11*(3), 279-290.

Lorraine, A. J. S. (1994). Peer, self and Tutor Assessment: relative reliabilities. *Studies in Higher Education, 19*(1), 69-75.

Mindham, C. (1998). Peer Assessment: Report of a project involving group presentations and assessment by peers. In S. Brown, *Peer Assessment in practice* (pp. 45-65). Birmingham: Staff and Educational Development Association.

Mok, J. (2011). A case study of students' perceptions of peer assessment in Hong Kong. *ELT Journal, 65*(3), 230-239.

Orsmond, P., Merry, S., & Callaghan, A. (2004). Implementation of a formative assessment model incooporating in peer and self-assessment. *Innovation in Education and Teaching International, 40*(3), 273-290.

Pond, K., & ul-Haq, Rehan. (1998). Assessing using peer review: Adopting the learning benefits of peer review and mitigating the potential learning disbenefits of pure peer assessment through design and structure. In S. Brown, *Peer Assessment in practice* (pp. 23-44). Birmingham: Staff and Educational Development Association.

Race, P. (2001). *The lecturer's toolkit*. London: Kogan Page.

Ritter, L. (1998). Peer assessment: lessons and pitfalls. In S. Brown, *Peer Assessment in practice* (pp. 79-85). Birmingham: Staff and Educational Development Association.

Roberts, T. S. (2006). *Self, Peer and Group Assessment in E-Learning*. Melbourne: Information Science Publishing.

Sadler, PM., & Good, E. (2006). The Impact of Self-and Peer-Grading on Student Learning. *Educational Assessment, 11*(1), 1-13.

Sher, W. D., & Twigg, D. R. (1998). Peer assessment - A construction "Tool" ?. In S. Brown, *Peer Assessment in practice* (pp. 87-105). Birmingham: Staff and Educational

Development Association.

Tillma, H., Leenknechta, M., & Segers, M. (2011). Assessing assessment quality: Criteria for quality assurance in design of peer assessment for learning – A review of research studies. *Studies in Education Evaluation, 37*(1), 25-34.

Topping, K. J. (1998). Peer Assessments between Colleges and Universities. *Review of Educational Research, 68*, 249-276.

Topping, K. J. (2009). Peer Assessment. *Theory and Practice, 48*(1), 20-27.

Van Lehn, K. A., Chi, M. T. H., Baggett, W., & Murray, R. C. (1995). *Progress Report: Towards a theory of learning during tutoring.* Pittsburgh: University of Pittsburgh Press.

Van Zundert, M., Sluijsmans, D., & Van Merrienboer, J. (2010). Effective peer assessment processes: Research findings and future direction. *Learning and Instruction, 20*, 270-279.

Vickeman, P. (2009). Student perspectives on formative peer assessment: an attempt to deepen learning?. *Assessment and Evaluation in Higher Education, 34*(2), 221.

Vu, T. T., & Dall'Alba, G. (2007). Students' Experience of Peer assessment in a Professional course. *Assessment and Evaluation in Higher Education, 32*(5), 541-556.

Vygotsky, L. S. (1978). *Mind in Society.* Cambridge, Harvard: University Press.

轉載自：廖佩莉（2012）香港小學中文科教師對學生同儕互評目的的認識與意見調查，《教育曙光》，60(1)，61-69。

第四章
語文教師的素養

論香港新高中課程中國語文科
的特點及對教師專業素養的要求

　　如何提升中學生的中文水平？很多學者都認為可從課程改革着手。香港教育統籌局在 2005 年發表《高中及高等教育新學制 —— 投資香港未來的行動方案》（即"334 學制報告書"），為三年高中學制的實施，策畫未來的路向。所謂"334"是指學生須就讀三年初中，三年高中和四年大學的編制。根據這方案，2007 年課程發展議會與香港考試及評核局制訂《中國語文教育學習領域‧中國語文（中四至中六）課程及評估指引》，2010 年教育局課程發展處發表了《新高中課程‧中國語文》，2014 年作了補充。這些文獻勾畫了新高中中國語文課程的藍圖，期望課程能提升學生的中文水平，但是課程改革的成效實有賴於語文教師的推行。因此切實提高語文教師的專業素養，是成功實施新高中課改的重要保障。呂叔湘先生曾言，"説千道萬，教師專業素質提高是關鍵。"由此可見，教師素質是課程改革的重要的前題。本文旨在探討新高中中國語文課程改革的特點，然後討論這些特點對語文教師專業素養的要求，最後在教師專業培訓方面提出一些建議。

一、新高中課程中國語文科的特點

　　香港新高中課程是為學生終身學習、生活和日後工作打好基礎。根據課程發展議會與香港考試及評核局（2007，頁 2）的文件，"課程讓學生在初中中國語文課程的基礎上，進一步：

　　（1）提高讀寫聽説能力、思維能力、審美能力和自學能力；

　　（2）培養語文學習的興趣、良好的學習態度和習慣；

　　（3）培養審美情趣，陶冶性情；

（4）培養品德，加強對社群的責任感；

（5）體認中華文化，培養對國家、民族的感情。"

香港新高中中國語文課程，特別重視培育學生的語文素質。這與中華人民共和國教育部（2001）《全日制義務教育語文課程標準（實驗稿）》中把改善學生的語文素養列為第一條有異曲同工之妙。"語文素質是指知識、能力、情感、態度和價值觀等在語文方面的整體和綜合表現。"（教育局課程發展處，2010，頁 4）所謂"知識"，"能力"是指上述所列的提高學生讀寫聽說能力和思維能力等。所謂"情感、態度和價值觀"是培養學生語文學習的興趣、良好的學習態度和習慣；培養審美情趣，陶冶性情；培養品德，加強對社群的責任感和體認中華文化，培養對國家、民族的感情（課程發展議會與香港考試及評核局，2007）。究竟香港新高中中國語文課程有甚麼特點能培育學生的語文素質呢？以下就課程、教材、教法和評估方面來分析課程的特點：

1.1 課程：博大精深，兼顧廣度和深度

舊高中中國語文課程是指定範圍，沒有選修單元。新高中中國語文課程博大精深，設有必修和選修單元，力求"廣度和深度之間的平衡"（課程發展議會與香港考試及評核局，2007，頁 5）。必修單元的內容範圍廣泛，包括閱讀、寫作、聆聽、說話、文學、中華文化、品德情意、思維和語文自學九個學習範疇，讓學生全面提高個人的語文素質。選修部分則以必修部分的學習為基礎，是必修部分的延伸和發展。教育局建議的選修單元包括：名著及改編影視作品、戲劇工作坊、小說與文化、普通話傳意和應用、普通話與表演藝術等，教師又可自擬適合學生的單元。例如在名著及改編影視作品的單元，教師可運用蒲松齡《聊齋誌異・畫皮》（小說）和陳嘉上《畫皮》（電影）、張愛玲《傾城之戀》（小說）和許鞍華《傾城之戀》（電影），與學生深入討論文學語言與視像語言的處理手法及其效果。學生可自選一部由自己喜愛的名著改編的影視作品，進行文字著作及影視作品的對照和分析。課程設計具彈性，教師須提供多樣化的學習內容，學生亦可自行選擇課題作深入學習，讓興趣

和潛能都得到激發。根據課程發展議會（2014）最新修訂，學生可選修二至四個學校開設的單元，並作深入探討。新高中中國語文課程必修單元的內容具廣度，選修單元則具深度，讓學生學得更全面、有深度。這正符合課程發展議會（2009）提出的要提供學生多元化選擇，以配合學生的興趣、能力和需要的建議，亦是新課程的優點。但新課程仍有不足之處，新高中課程範圍廣泛，要兼顧廣度和深度有一定困難，而且不設範文，沒有提供指定學習的篇章作為部分公開考試的內容，學生無所適從。對老師而言，課程設計要取得"廣度和深度之間的平衡"也絕非易事。

1.2 教材：運用多樣化的選材，配合學生的能力

舊課程重視特定的範文，新課程的特點是"不設指定的範文和教材，讓教師可因應學生的興趣、能力和需要，選用內容健康、可讀性高、具典範性的古今中外作品作學習材料，提升學生的語文素質"（教育局課程發展處，2010，頁6）。就以創意寫作單元為例，教育局課程發展處（n.d.）建議教師所選的教材包括有美國詩人埃茲拉·龐德《地鐵車站》、法國詩人普雷·維爾《早餐》、美國作家馬克·吐溫《丈夫支出賬單中的一頁》；今人有也斯的《給苦瓜的頌詩》、《中午在鰂魚涌》、劉以鬯的《打錯了》、《吵架》、西西的《店舖》、《浮城誌異》；古人則有蘇軾《題西林壁》。此外，教師鼓勵學生課外閱讀，建議給學生閱讀的書目有：集思編《梁秉鈞卷》（配合學習材料：也斯《給苦瓜的頌詩》）、劉以鬯編《劉以鬯卷》（配合學習材料：劉以鬯《打錯了》和《吵架》）、何福仁編《西西卷》（配合學習材料：西西《店舖》、《浮城誌異》）。對於能力較高的學生，教師更可推薦意大利作家伊諾羅·卡爾維諾《看不見的城市》以配合西西《店舖》、《浮城誌異》。這個單元的教材很多樣化，可算是包羅萬有。

雖然近來香港教育界爭論新高中課程中國語文課程應加入指定的文言文範文，加強學生對文言文的認識，但教育局建議的範文篇章並不算多，教師仍有很大自由設計教材，教材甚至可以選取科普篇章。多樣化

教材的優點是學生可從不同的教材中學習，從而提高語文能力、思維能力、審美能力和自學能力，培養學習語文的興趣。然而，教材雖然多元化，包羅萬有，但是學習內容太多，教學時間有限，學生的學習並不深入，只流於表層而已。

1.3　教法：創設寬廣的學習空間，提升學生自學的能力

　　就教法而言，傳統中國語文的課堂以教師講授和提問為主，學生只是聆聽和回應教師的提問。馬兆興（2004）批評長期以來中國語文教學是刻板和死記硬背的方式，閱讀教學模式化，作文教學程序化。學生大多在課堂學習中國語文。其實，教師不應只局限於在課堂內講述和分析文本，他們可運用多樣化的教學法，也可充分運用不同的學習時間和空間，這才是有效的語文教學方法。學校應突破課堂的限制，把語文學習由課堂延展至課堂以外更寬廣的天地，讓學生全方位學習語文（課程發展議會與香港考試及評核局，2007）。教師可利用不同的學習環境，組織不同的課業，以拓寬學生語文學習的空間。教師又可為學生設計專題研習，讓學生透過參觀、探訪、訪問和上網來學習，主動建構知識，從活動中培養他們的分析、自主學習、獨立思考的能力。例如教師可讓學生自行選擇自己喜歡的相聲和戲劇表演，在欣賞表演前請他們主動蒐集相關的資料，多了解表演的背景和演員的資料等；在欣賞表演後，請他們深入思考箇中內容，並作評論。學生可就自己喜歡談論的課題作深入的分析，應用課堂所學，既擴展語文學習的空間，又能在生活中學習和應用語文，培養語文學習的興趣、良好的學習態度和習慣，為終生學習奠下扎實的基礎。這種突破上課的限制，教師為學生創設寬廣學習空間的做法，是新高中中國語文科課程的一個特點。

1.4　評估：加入了校本評估，重視學生日常的學習

　　就評估而言，香港在高中階段的公開考試一向在試場進行，以傳統的紙筆考核為主，設有特定範文作為考試範圍。考生在公開考試的成績可以作為升讀大學之用。在大學學額不足的情況下，香港學生承受

着 "一試定生死" 的壓力。有鑒於此，新高中課程設有公開試和校本評估兩部分：公開試是總結性評估；校本評估是進展性評估，學生在日常學習的表現也佔公開試一定的百分比，以減少學生在公開考試面對的壓力。以下是第一屆（2012 年）香港中學文憑考試中國語文科公開試和校本評估的佔分比重：

表 1：2012 年香港中學文憑考試中文科的評估

部分	內容	比重
公開考試	卷一閱讀能力	20%
	卷二寫作能力	20%
	卷三聆聽能力	10%
	卷四說話能力	14%
	卷五綜合能力	16%
校本評估	必修部分：閱卷活動、日常課業及其他語文活動	8%
	選修部分（三個單元）：日常學習表現、單元終結表現	12%

（教育局課程發展處，2010）

公開考試中加入了校本評估，評估由任課教師評分。教師可根據學生較長時段內的表現進行評估，校本評估能提高整體評估的效度和信度，能較全面地評估學生的學習表現。教師平日對學生的評分，佔學生在公開考試整體評分百分之二十。課程加入了校本評估，將日常教學的評估活動納入公開評估系統，無形中提升日常課業學習的重要程度，也對教師專業加以肯定。其次，由於課程不設指定教材，評核的內容再不是學生就指定的文本進行死記背誦，而是要他們應用學過的學習策略來分析沒有學過的文本，以此培養學生應用語文和獨立思考的能力，這是新高中中國語文科課程的另一個特點。

二、語文教師專業的素養

新高中中國語文課程改革帶來了新的挑戰，課程目的不但是培養學生的語文能力，而且要培育學生的語文素質。要培育學生的語文素質，中國語文教師必須先具備專業的素養。那麼中國語文教師應具備甚麼專業的素養呢？王鵬和王月（2012）解釋教師專業的素養是指教師在從事教育教學活動中應具備的品德、知識和能力等各方面的特質。早在2003 年，師訓與師資諮詢委員會在《學習的專業　專業的學習》中提出"教師專業能力理念架構的基本原則及信念，說明教師須具備的基本條件是，在學科和教學法知識、專業技巧、態度和價值觀等各方面有充分的裝備"（頁 7）。下文是綜合上述的解說，從本科學養、教育理論、語文教學和個人涵養四方面分析在新高中中國語文課程改革下中文教師應具備的專業素養。

2.1 本科學養

由於新高中中國語文課程內容博大精深，教師必須學識廣博。新課程的教材很多元化，自古代詩文，至現代中外翻譯小說、科普文章，甚至是新聞和社評，都可以作教材。課程設有必修和選修部分：必修部分的學習內容涵蓋語文能力的訓練和對中華文化、品德情意、文學等學習範疇的認識；選修部分是必修部分的延伸，讓學生對古今中外的作品有深入的認識。例如在必修單元，教師會選取一些戲劇作品給學生閱讀，和學生分析討論，幫助他們理解作品內容，從而培養學生的閱讀能力。教師可設計"戲劇工作坊"為選修單元，透過劇本分析與編演，指導學生探索社會與人生的問題，拓寬他們視野。教師又可讓學生合作編劇和演出，提高他們協作、溝通和解難等能力。

要指導學生在必修和選修單元學習戲劇，教師必先對戲劇有博大精深的認識。同時教師要懂得詞彙學、韻律學、文學、修辭學等。更重要的是他們要對中國文學和中國文化有深厚的認識。新高中中國語文課程的一項目標是，培養學生審美情趣和體認中華文化。要達到這目標，教師必須提高本身的文學和文化素養。教師必須具備豐富的文學與文化素養，才能充分理解教材中的意蘊和美感，讓學生感受到作者的思想情感（蔣蓉，2007）。

2.2 教育理論

新課程改革的背後,是有其教育理念。要認識其理念,教師必須具備一般教育專業知識,例如教育原理、教育心理學、教育科技、學習理論、課堂秩序管理等。在新課程中,教師對學習理論和教育科技的認識尤其重要。新課程特別注重拓寬學生語文學習空間,培養學自主學習能力,教師則須提供豐富多元的語文學習經歷。語文學習須讓學生掌握各種學習策略,並培養發現問題、分析問題和解決問題等能力。怎樣才能培養學生的自學能力?怎樣拓寬學生語文學習空間,激發他們的學習動機?教師要掌握箇中教法,必須深入了解不同學習理論,尤其是新課程改革的背後理念 —— 建構主義和後現代教育,這有助教師深入理解課改的精神。其次,教師須掌握教育科技知識,可因應學習目標,適當並有效地運用多種媒體以促進學與教。例如教師可收錄生動的圖片或錄像、各類主題的學習材料等,建立創作數據庫;教師亦可準備網上字典、工具書、多媒體自學軟件、學習套等,讓學生隨時取用,鼓勵學生自學(課程發展議會與香港考試及評核局,2007)。此外,教師可指導學生運用電子學習檔案,記錄學習進展情況。電子學習檔案可幫助教師系統地收集學生的學習例證,有助進行校本評估。

2.3 語文教學

新高中中國語文課程鼓勵學生進行語文自學,教師重視學生日常的學習和校本評估。教師具備了中文科學養,亦能認識課改背後的教育理論,是否就能滿足新高中中文課程的要求呢?其實是不足夠的。教師應具備語文教學專業的涵養。所謂"語文教學的專業涵養"包括兩個意思:一是指教師要掌握中國語文獨特的教法,例如詞彙教學並不可以等同一般的教育理論,"釋詞十法"(香港教育學院,1995)是詞彙教學方法,能幫助學生掌握詞彙的的形、音、義。學生在自學教材中遇到不懂的詞語,也會嘗試運用教師在課堂上常用"釋詞十法"中之部首推測法來理解詞義;二是教師能將學科知識與教育理論融會貫通,懂得在中文課堂運用有效的教學法。例如,雖然教師對教材有深入的理解,對課程學的理論有所認識，但是如何落實設計中文科的必修單元和選修單元，如何運用有效的教學法，都是他們的難點。又例如，教師雖然明白教育理論的評估理念，知道採用多元化的評估模式和設計難度不同的評估活動，以照顧不同能力的學生，讓能力較高的學生盡展潛能，而能力稍遜的學生體驗成功，促進他們追求卓越，養成持續學習的興趣。但是，如何將這些理念發展為校本的語文評估活動？如何釐訂學生語文能力的準則？如何在日常教學中評估學生的能力？要使新高中中國語文科課程的改革成功，教師須懂得落實語文教學的目標、設計教材、實踐多樣化的互動教學，運用專業的評估策略，還應具備語文教學的素質，將本科知識和教學理論結合實踐起來。

2.4　個人涵養

教師個人的涵養能感染學生的語文素質。新高中中國語文課程強調教學要多向互動，教師應創設情境，多與學生對話、討論和溝通，教師個人涵養自然對學生有潛移默化的影響。"教師個人涵養"是指教師語言表達的魅力和思想的魅力。語言表達的魅力包括良好的表達能力，教師要聲音響亮、意思清晰、簡潔扼要、用詞切當。新高中中國語文課程提及教師應要求學生反覆誦讀優秀學習材料，以至背誦，以提高語文能力。所以教師也應具備出色的朗讀及朗誦技巧，以引起學生對朗讀的興趣。至於思想上的魅力則包含兩個意思，一是指教師要充實個人的學養，提高涵養，不斷豐富自己的專業知識。新高中中國語文課程要求學生能有自主學習的能力，教師也要自強不息，勇於接受新課程帶來的挑戰，樂於接受新知識。二是教師必須善於和學生溝通。新高中中國語文課程要求教師對學生提出有效的提問並給予優質的回饋，能與學生作思想上的交流和互動，幫助拓寬他們的思考空間，提升他們的思維層次。

三、總結及建議

新高中中國語文課程帶來很多挑戰，對語文教師專業素養的要求提高了，只有切實提高語文教師的素養，才能有效實踐課改的理念，因此有必要強化職前和在職教師的培訓，以下是一些建議：

3.1 職前教師的培訓

現時香港很多學生（下文稱為"準教師"）是修讀香港教育學院中國語文教育學士課程，為期五年，必修科主要分為兩大範疇：專業研習和中文學科知識。專業研習以一般教育理論為主。中文學科知識的範疇主要包括：語言學、中國文學、中國文化和語文教學等。面對新高中課程中國語文科的博大精深，設計多元化的教材和運用多元化的教學法是準教師必需具備的能力。職前教師的培訓必須強化準教師任教中文科的能力。

強化任教中文科的能力，包含兩個層面：一是指優化準教師對中國文學和文化的認識。李晉紅（2013）認為要有廣博的視野就必先要多閱讀，正所謂"要給學生一杯水，首先自己要有一桶水"（頁188）。雖然準教師必修中國文學和文化的相關單元，但只有廣泛和深入學習古今中外作品，才能有效地設計學習材料；二是要加強他們語文教學的能力，運用專業語文教學法。教師教育的課程一向被批評為以教育理論為主，過於理論化，欠缺實際語文教學的專業培訓。教育理論泛指一般教育的原則和理念，而語文教學是將中國語文科的學養和教育理論相配，應用在中文教學上，這是中文科教師不可缺少的教學技能。可是很多人認為準教師認識教育理論，便能將理論應用在中文教學上，或是只要準教師有中文學養，便能教中文，這種想法其實有待商榷。教授中文必須要懂得多元化教學法，才能引起學生學習興趣。要達到新課程的目的，準教師必須具備中國文學和文化的學養，同時也要掌握多元化的語文教學法，這是新高中課程對語文教師的要求。

香港教育學院職前教師培訓課程"中國語文教學法"的單元雖是必修課，但只有三個單元，每個佔39小時，準教師只有117小時學習中、小學的語文教學法，修讀的時間實在太少。近年甚至有人提議將語文教學法改為選修單元，準教師可以不修讀，這是不當的做法。準教師如何面對和贏得新高中中國語文科課程帶來的挑戰？他們面對課改的最大難題是缺乏教學經驗，不知道如何在課堂運用適當的教學策略。因此職前教師培訓課程應加強"語文教學"相關教學法的單元，例如"語文教學的新趨勢和實踐"、"新課程下進展性語文能力的評估"、"如何在中文課堂給了學生優質的提問和回饋"等課題。職前教師培訓課程應重視學科知識與教育理論、語文教學相結合，讓準教師明白如何應用多樣的教學策略以配合課改，幫助他們實踐新高中課程的精神。

　　教師空有中文學養，卻不懂教學法，那麼便會教而不得其法，學生會對語文生厭。相反，教師有教學理論又懂得教學法，但卻沒有語文本科學養，那麼恐怕他們會教得不深入，學生對語文的理解只流於表層，較為粗疏。因此，職前教師的培訓除了認識教育理論外，更應強化準教師的"中文學養"和"語文教學法"，兩者同樣重要，不可偏廢。

3.2 在職教師的培訓

　　在職教師已擁有專業資格，當然具備本科學養，對一般教育理論和語文教學法已有認識。面對課程改革，教師應視為挑戰，更新教育觀念，尤其是教師須提升個人的素養和思想魅力。

　　怎樣提升他們思想上的魅力？一方面，老師要樂於接受新理念和再培訓。面對課改，要提高教師素質，最關鍵是要教師自身觀念的改變，有自我發展的意識（譚悅、荊仙玉、田朋朋、劉廣生，2010），教師要不斷進修，改變自己的既定想法，更新教學模式，發揮個人專長。各大專院校和教師培訓機構應多舉辦教師專業發展再培訓課程，課題可集中在他們以前較少或未接觸過的領域，例如選修單元的課題中的翻譯作品選讀、新聞與報導、多媒體與應用寫作和校本評估等。教育局也可多舉辦短期的工作坊和座談會，討論教師在新高中課程遇到的困難和解決方法，各校的教師多了交流的機會，也可以從中學習、改善教學。

　　另一方面，教師培訓機構也應幫助教師成為研究者，提升他們的教研能力。教師作為研究者是教師專業培訓重要的課題（Silva，2001；Loughran, Mitchell, & Mitchell, 2002; Parson &Brown，2002）。只有教師從實踐中發現的知識，他們才會改變自己既定的教學行為或價值觀。教師在教學環境下進行研究，反思教學，提出可行的建議，才能脫離理論的層面。教師參與行動研究是需要支持的，大專院校也可和教師合作，多做新高中課程改革方面的教學研究，並將研究成果在網上發佈，與廣大同工一起討論，互相交流，分享教學的心得，這對教師專業的發展有一定的幫助。教師應在合作研究和探索中提高自己（包彩娥，2013）。新高中中國語文科課改有很多課題仍待驗證，例如校本評核、多媒體與應用寫作的成效等，有待教師成為研究者，以改善自己的教學。

　　一個學識淵博，認識教育理論，懂得運用語文教學法的教師，才能真正實踐高中中國語文科課改的精神，才會有精彩、內涵豐富，又以學生為本的語文課。這樣的語文課才具深度，學生才樂於學習；這樣的語文教師才具專業的素養和教學的魅力。

參考文獻

包彩娥（2013）語文教師素養提高之我見，《新課程學習（上）》，11，129。

蔣蓉（2007）論新課程對小學語文教師專業素養的新要求，《課程‧教材‧教法》，28(8)，68-72。

教育局課程發展處（2010）《新高中課程‧中國語文》，取自 http://www.edb.gov.hk/attachment/tc/curriculum-development/kla/chi-edu/D03_chi_v3.pdf

教育局課程發展處（n.d.）表達與應用──創意寫作，取自 http://www.edb.gov.hk/attachment/tc/curriculum-development/kla/chi-edu/04C_creative_writing.pdf

教育統籌局（2005）《高中及高等教育新學制──投資香港未來的行動方案》。取自 http://www.edb.gov.hk/attachment/tc/curriculum-development/cs-curriculum-doc-report/about-cscurriculum-doc-report/report_c.pdf

課程發展議會（2009）《高中課程指引 立足現在 創見未來（中四至中六）》，香港：香港印務署。

課程發展議會（2014）《中國語文科課程及評估指引》，香港：香港印務署。

課程發展議會與香港考試及評核局（2007）《中國語文教育學習領域 中國語文（中四至中六）課程及評估指引》，香港：香港印務署。

課程發展議會與香港考試及評核局（2007）《中國語文教育學習領域 中國語文

課程及評估指引（中四至中六）》，取自 http://www.edb.gov.hk/attachment/tc/curriculum-development/kla/chi-edu/chi_lang_final_5805.pdf

李晉紅（2013）新課程下語文教師素養的探討，《山西師大學報（社會科學版）》，S3，188-189。

馬兆興（2004）《新課程與教師綜合文化素養》，北京：首都師範大學。

師訓與師資諮詢委員會（2003）《學習的專業 專業的學習》，香港：香港印務署。

譚悅、荊仙玉、田朋朋、劉廣生（2010）中學語文教師文學素養現狀調查及提高策略，《科教導刊》，10，100。

王鵬、王月（2010）淺論新課改背景下高中語文教師素養，《南昌教育學院學報》，27（9），128-129。

香港教育學院（1995）《中國語文 6.3 字詞教學》（學習套），香港：香港教育學院。

于漪（2004）《新世紀教師素養專題》，長春：東北師範大學出版社。

中華人民共和國教育部（2001）《全日制義務教育語文課程標準（實驗稿）》，北京：北京師範大學出版社。

Loughran, J., Mitchell, I., & Mitchell, J. (Eds.). (2002). *Learning from teacher research*. Crow's Nest, AUS: Allen & Unwin

Parson, R. D., &Brown, K.S.(2002). *Teacher as reflective practitioner and action researcher*. Belmont, CA: Wadsworth/ Thomson Learning.

Silva, R. (2001). *Teacher as researcher: contested issues of voice and agency in the creation of legitimized knowledge in teaching*. (Doctoral dissertation) Retrieved from ProQuest Dissertations and Theses database. (UMI 3021378)

轉載自：廖佩莉（2014）：論香港新高中課程中國語文科的特點及對教師專業素養的要求，《華文學刊》，12(2)，14-24。

準教師應如何選擇語文教育的研究題目？

　　近年教育界提出教師除了教學外，還應多從事教育的研究，亦為研究者（Teacher as Researcher），於是他們漸漸由"教學型"轉變成"研究型"。其實"教學"和"研究"是相輔相成的，進行"行動研究"的目的是為了提升教學的效能。但有準教師認為做研究是一門高深的學問，要處理很多的工作，包括：選擇研究課題、確定研究方法、制訂研究計畫和撰寫研究結果等。其實，做研究並不如想像中困難，選擇一個適合的題目是先決條件，準教師做研究前必須慎重選題。以下是總結筆者多年來從事語文教育研究的經驗，歸納一些選題之道。

一、準教師對研究題目必須"有見有感"

　　語文教育研究必須源自實際的學習情況。"有見"是指準教師在學習上遇到的問題，有感而發。他們曾是學生，有豐富的學習經驗，所以能針對難題，提出自己的想法。例如準教師可從聽、說、讀、寫四個範疇去探究學生在學習上遇到的困難。以"透過同儕互評活化中文科寫作課"研究為例，文中提及的困難是：一向以來，在寫作課內，學生是根據教師擬訂的題目來作文，然後教師依據評分標準來評分。教師是評估學生表現的主導者。學生的寫作得到教師的打分和評語。學生沒有機會參與評估的工作，在整個寫作評估過程中學生是沉默、孤獨和被動的。這是準教師做學生時的感受，於是他們嘗試想出改善方法，在寫作課進行同儕互評的方法。

　　"有感"是指準教師感悟解決問題的方法。他們怎樣想出解決問題的方法？方法有兩種：一是要受他人的啟發，他人是指他們的同儕和教學經驗豐富的教師。準教師可多和他們討論，多聽取別人的意見是有助他們想出解決問題的方法。二是準教師可多閱讀相關文獻和研究，有助他們了解最新的教學發展，從中得到啟發。以"同儕互評"為例，文獻指出同儕互評活動是"促進學習的評估"其中的一項重要方法。研究發現，雖然大部分教師認同在中文寫作課內讓學生同儕互評是重要的，但他們面對不少困難，例如他們未能充分掌握設計學生互評的量表的技巧，對學生互評活動後的跟進工作有所不足等。研究更指出只有三成多教師認同他們知道怎樣設計學生的互評活動。有鑒於此，準教師可嘗試設計和試行學生同儕互評活動，請教導師如何為學生撰訂互評的量表，望能解決當前教學的迫切需要，這是甚具意義的。

二、準教師必須對題目感興趣

準教師在選題目時必須對題目有興趣。興趣是做研究的動力，如果他們對課題不存好奇心，沒有興趣的話，相信進行研究，只是苦差而已。以學生同儕互評為例，有準教師認為在寫作課進行同儕互評能提升學生的寫作能力。亦有準教師認為在說話範疇進行同儕互評活動會更有趣。選擇研究題目最重要的是以準教師的興趣為依歸，這樣他們才會樂此不疲地做研究，在進行研究過程遇上難題，也能迎刃而解。

三、研究題目必須是可行和具價值

準教師除了對題目感興趣外，他們也要顧及研究的可行性。有時題目雖好，但受到其他因素的影響，往往也未必可行。例如要準教師進行"香港教師對學生同儕互評目的的認識與意見調查"，以問卷方法調查全香港教師的意見，其實要做這樣大型的研究是困難的，原因有二：一是要處理數據太多；二是未能收取足夠的數據，很多教師可能不願作答。所以準教師選題必須要量力而為，釐訂題目時必須提醒自己："能收取足夠的數據嗎？""環境許可進行研究嗎？"同時，準教師選題時也要注意研究題目須具研究價值。要判斷研究的課題是否有價值，可多與同儕作分享。若單是自己覺得有價值，而沒有他人的認同，研究題目的重要性則大大打折扣。

四、題目必須明確和精要

準教師決定研究題目後，也要多注意修訂題目的原則：言簡意賅。例如下列兩條題目："同儕互評活動的研究"和"透過同儕互評活化中文科寫作課"，哪一個是較佳的研究題目？兩條題目都是可行的研究，前者是較廣泛，後者則較具體。後者則較佳，因為它交代清楚在哪一科，哪一範疇進行研究。題目中"活化"兩字，可令讀者想到：怎樣活化？活化的效果如何？學生有何學習成果？好的研究題目要留意用字精煉，不可含糊，也不可累贅。

選擇教育研究題目並不容易。筆者期望準教師能擬訂好題目，積極推行研究，以提升教學的素質，這對學生的學習有一定的幫助。

第五章
結語

回顧與展望：析論中國語文教育的發展

　　中國是世界文明古國，我國有文字記載的語文教育，至少也有3000多年歷史（李杏保，顧黃初，1997）。可惜關於中國語文教育歷史的研究，可謂鳳毛麟角（王松泉，1995）。所謂"鑒古知今"，我國語文教育源遠流長，要認識中國語文教育發展的歷史，借鑒其可行的方法，反思其不足之處，才能面對21世紀語文教育的改革，發展成具中國特色的語文教育，確實地提升中國語文教育的素質。本文先簡要地回顧和分析傳統古代和近代語文教育期的特點，期望能引得借鑒，從而展望未來語文教育發展的趨勢。

一、中國語文教育的分期

　　關於中國語文教育的分期，眾說紛紜，不同的學者有不同的說法。主要有二分法、三分法和四分法。所謂二分法，是指概括將語文教育分為兩個時期：單獨設科前的語文教育和單獨設科後的語文教育（靳健、石義堂，1998）。王松泉、王柏勛、王靜義（2002）則主張分為三個時期：古代語文教育期（前語文教育期）、近代語文教育期（始語文教育期）、現代語文教育期（今語文教育期）。李新宇（2006）也認為中國語文教育的分期發展分為三期，但名稱略有不同（古代語文教育、現代語文教育和當代語文教育）。至於四分法，王偉鵬（1999）將分為四個階段：古代、近代、現代和當代語文教育。

　　本文選自王松泉（1995）的三分法："傳統古代語文教育期"，從文字產生至1904年語文獨立設科前為古代語文教育期；"近代語文教育期"，從語文獨立設科至1949年新中國建國，其間經歷五四運動；"現代語文教育期"，從新中國建立至現在。新中國成立，把過去的國語國文正式合稱為語文，直至現在。由於篇幅所限，本文集中討論"傳統古代語文教育期"和"近代語文教育期"的特點。

　　本文依據王松泉（1995）的說法，主要是他提出的分期能遵循"自身規律"和符合"社會關聯"的兩個重要原則。根據他的說法，我國語文教育歷史悠長，語文教育史之所以成為語文教育史，就是因為它是反映語文教育自身發展規律的歷史，這就是它"自身規律"。以清末語文獨立設科為例，這並非政治上的大轉變，但政策標誌着語文教育史上重要歷史時期的開端。語文獨立設科前後兩個時期的語文教育情況就有明顯的分別。傳統古代語文教育期與近代語文教育期是絕不相同的時期，各有特色。而語文教育自身發展規律也受"社會關聯"的影響，所謂"社會關聯"是指社會的變化影響語文教育的發展，以 1919 年五四運動為例，它對近代語文教育發展有重大的影響。

二、傳統古代語文教育期

　　這時期是指從文字產生至 1904 年語文獨立設科前為古代語文教育期。中國語文教育歷史悠長，王偉鵬（1999）指出語文教育是從漢字的產生開始的，從可考證的殷商甲骨文的習刻《學習刻契文字》算起，我國的語文教育已有三千餘年的歷史。中國古代教育的發展史，也可說是中國古代語文教育的發展史，因為中國古代語文教育的一個特點就是文史哲綜合為一體（靳健、石義堂，1998）。周慶元（2014）認為這時期是推行一種熔經史子集為一爐的"泛語文教材"，實施的是"大語文教育"。從春秋時代開始，教育以研習經典為主，內容包涵文學、政治和歷史等。戰國時私學（私人辦學）盛行，形成不同的著名學派，學術風氣盛行。自唐代確立了科舉考試制度，考試內容以儒家經典為主。在古代沒有"語文"一詞，也不是一個獨立學科，但這時期卻包含着早期基本語文教育的思想，其特點主要包括：

（一）文、史、哲、經的大語文教育學習語文

古代語文沒有單獨設科，語言文字的學習是和經學、歷史、自然百科結合在一起，學習內容是綜合性（趙志偉，2014）。它也具多功能性，文史哲是不分開的，甚至社會科學、技術，也都是語文學習（張隆華，1994）。即是說語文教育是一身數職的，它的多功能性，就表明了它的內容是極豐富的（張隆華，曾仲珊，1995）。王偉鵬（1999）將古代語文教育的豐富學習內容有系統地分為三類：

"第一類是儒家經典，如六經，即《詩經》、《書經》、《禮經》、《易經》、《樂經》和《春秋》。六經裏包含了古代政治、歷史、哲學、倫理等豐富的內容。其次是四書，即《大學》、《論語》、《中庸》、《孟子》。宋代朱熹作了新注釋的《四書集注》，影響深遠。第二類是蒙學讀物，例如《三字經》、《百家姓》、《千字文》、《千家詩》，是兒童集中識字的課本，這些課文語言淺易，容易誦讀，方便記憶。內容也很多元化，包羅萬象，有自然、歷史、修身、處世、務農、起居、讀書、園林、祭禮、禮節等，學習這些內容，兒童不僅可以識字，而且也無形中奠定了讀寫的基礎。第三類是文選讀本，例如《古文觀止》、《古文辭類纂》、《經史百家雜抄》等。"（王偉鵬《中學語文教育學與語文教學改革》，頁 4-5）

這大都是各個朝代膾炙人口的名作，對於讀寫為主的語文教育來說，起了一定的作用。這時期的語文教育透過我國著名文、史、哲、經的內容奠定讀寫的語文能力，學習內容與當時古代生活是分不開的。更重要的是這些著名文、史、哲、經的內容包羅萬象，蘊涵了豐富的中華文化。

（二）注重誦讀和抄寫

趙志偉（2014）指出傳統"古代語文教育期"的教育方法主要是強調學生多誦讀和識字。有很多文獻曾記載自小能誦讀的孩子，例如：馬續七歲能誦《論語》（《後漢書・馬援列傳》）、馮衍九歲能誦詩《後漢書・馬援列傳》）和司馬遷年十歲誦古文（《漢書・司馬遷傳》）等。古代重

視從誦讀中學習。同時，古代語文教學也注重抄寫，如《三字經》、《百家姓》等。古人認為抄寫多了，記誦多了，持之有恆，語文學養自然能累積起來。李新宇（2006）指出張志公先生充分肯定了我國古代語文教育在識字教學方面的成就。

（三）受考試制度的影響

隋以前，各代選拔人才的制度是不同的。魏晉南北朝推行的九品中正制，形成了"上品無寒門，下品無世族"的現象，由隋至唐，逐步實行科舉取士，用考試來選拔人才。唐代的科舉有兩種：一是常科，有秀才、明經、進士、明書、明法、明算等基本科目，每年定期舉行：一是制科，由皇帝主持，根據需要臨時下令舉行。其中的進士科考試成為入仕的途徑。王松泉、王柏勛、王靜義（2002）指出科舉制度的產生具積極意義，一是把選用官吏的權力由世家大族手裏收歸朝廷，有助中央集權；二是選拔官員有一定的知識基礎。科舉考試內容，明經、進士等科，主要是儒家經典，儒家思想備受推崇。科舉考試的方法，自唐至宋代初，有口試、帖經、墨義、策問、詩賦五種，宋以後主要試經義。到了明初，為了培育人才，急於開科取士，重視設立學校，太學曾經為明初培育大量官吏。學校的教學目標與教學內容都與科舉直接產生了關係，學校成為應試科舉的預備場所（王松泉、王柏勛、王靜義，2002）。自明憲宗成化年間開始實行"八股文"取士。所謂八股文亦稱"時文""制義"或"制藝"。每篇由破題、承題、起講、入題、起股、中股、後股、束股八部分組成。應試人的思想受到限制，內容要求與古人的思想相同，形式方面則每篇字數有一定的限制，久而久之，形成了僵化的思想，產生了不良的影響。古代的科舉考試制度直接影響考生學習的內容和方向，甚至是他們的思想。

三、近代語文教育期

"近代語文教育期"是指清朝末年，語文在我國作為基礎教育的獨立學科之後到新中國建國時期。獨立設科名晚清始於 1898 年康有為、梁啟超提出"廢八股"，不久清政府正式指令各省府州縣改書院，設學堂。同年廢除了科舉制度，近代學校開始正式成立。在 1902 年設立《欽定中學堂章程》，列出十二門課，其中一門的語文課設有"讀經"，即讀《書經》、《周禮》、《儀禮》、《周易》，同時學習記事、說理、周奏章、傳記、詞、賦、詩歌等。1902 年，清政府頒佈由張百熙所擬的《欽定學堂章程》，中國開始了新式的完整學校體系。但由於學制未完善，1904 年初清政府公佈了由張之洞、榮慶、張百熙等人重新擬訂的《奏定學堂章程》，內容提出了一個比較完整的學校系統，即癸卯學制。1912 年中華民國成立，教育部頒佈《中學教令施行規則》，改學堂為學校，廢止"讀經"，禁止使用清代頒行的教科書，統稱學習中文為"國文"。及至五四運動，提倡白話文，加上這時期受西方思想的影響，促進了我國語文教育的革新，推動了語文教育的發展。這時期的教學內容和思潮也有突破性的發展。"近代語文教育期"促使我國語文教育進入了新階段（王文卓，2009），這時期的特點包括：

（一）語文教育的雛型

"近代語文教育期"提倡語文科單獨設科，教科書和教學法上有了新的嘗試，形成了語文教育的雛型。《奏定學堂章程》有三項重要的語文策略，影響深遠：一是傳統綜合語文科走向單獨設科，確立了它的地位；二是章程中把"讀經"和"中國文學"定為必修科，初小便要設立"中國文學"科，奠定中國文學在語文科的重要性；三是語文教學的內容出現官方和民間編寫的語文教科書。例如 1908 年，商務印書局館編輯出版了兩套供中國使用的語文教科書。一套是《中學堂國文教科書》，另一套是《中學國文讀本》。王松泉、王柏勛、王靜義（2002）指出這時期的教科書雖然不夠成熟，但也可代表了語文教科書發展的方向。

當時一些語文學家總結了適合我國語文狀況的教學方法，例如 1921 年吳研因的《小學國語國文教學法》，胡適在 1920 年發表的《中學國文的教授》、1924 年黎錦熙的《新著國語教學法》、1924 年葉聖陶的《作文論》、1943 年葉聖陶和朱自清《略讀指導舉隅》等。大抵上他們都主張以説和寫作為語文教育最重要的目的，所讀的必須要有趣味，教師要用活潑的語言作靈活的教授法，這都是當時先進的主張，形成語文教育的雛型。

（二）白話文的學習

這時期提出白話文的學習，提倡“言文合一”。清末的黃遵憲、梁啟超掀起了白話文運動，他們提倡用白話，他們的理論對推動白語文有很大的作用。1919 年的五四運動提倡白話文，新文學；反對文言文，舊文學。五四運動促使教育改革，不少中小學的語文教材是用白話寫成，例如魯迅的小説《故鄉》、俞平伯的《潮歌》等，都是中學課本的選材，這是我國語文教育史上的一大突破。同時，白話文為了配合國語運動的發展，這時期先後出現了“切音”、“簡字”、“注音字母”、“新文字”等運動，也成立了“國語研究會”，主張“言文一致”和“國語統一”，製定了《注音字母以期語言統一案》（陳冬倩，2012）。

（三）教學思潮的突破

近代語文教育的理論，主要是受外國的影響，很多外國的教育家如孟祿、杜威、柏克赫斯持、麥柯爾等也來中國講學。受西方教育理論影響，國內的教育家又提出了教學上的想法。當時有不少語文教育家，例如朱自清、葉聖陶、張志公、夏丏尊、呂叔湘等都提出了不少對語文教育的看法。其中葉聖陶提出“教是為了不教”的思想，為語文教學提供了先導的想法。當時有學者通過《教育雜誌》，《中華教育界》、《新教育》等教育期刊宣傳外國的教育思潮。至於在教學程序方面則受西方的影響，例如赫爾巴特派的“五階段教授法”，即是預備、提示、聯繫、比較和總結，應用。其後的“五段教學法”都是以此為基礎加以變化的語文教學方法。

四、對中國語文教育的展望

今後中國語文教育應當如何發展下去？在數千年的語文教育史中，

我國保留了不少豐富的經驗，古代語文教育雖沒單獨設科，但教學內容很廣泛，與當時的生活息息相關，對語文教育的發展奠定一定的基礎。近代語文教育，受到清末維新、辛亥革命和五四運動的影響，教育內容和思潮也有重大的突破。中國語文教育受古代傳統語文教育和外國思潮的影響，有其優點和缺點。只有從中取長補短，才能發展具中國特色和具素質的語文教育。周慶元（2014）指出弘揚優良傳統，凸顯文化特色是中國語文教育的重任，如此中國語文教育的發展就一定大有希望。要發展具中國特色的語文教育，必須懂得繼承和改良傳統古代語文教育，同時也要懂得實踐和優化近代語文教育的觀點。

（一）繼承和改良傳統古代語文教育

古代語文教育被批評為"死記硬背"。日子久了，形成了一種封閉式教學，填鴨式教學，積重習難返（張隆華，1994），但是古代語文教育還有許多優良傳統值得肯定和改良。就學習方面而言，很多古代先賢的主張，如孔子的"因材施教"，孟子的"多問則裕"，"君子深造之道欲其自得之"，到宋儒提倡"讀書存疑"，"於不疑處有疑"，都是傳統教育優良的地方（趙志偉，2014），這都是很適合作現今的理論。

更重要的是，傳統古代語文教育具備了語文教育的基本規律，語言是從生活而來，生活和學習是分不開的（陳冬倩，2012）。這時期語言來自生活，所以學生活就是學語言，學語言就是學生活（王文卓，2009）。這種是從大語文環境學習，從"積累"中學習中國語文，是應該加以承傳和改良。

1. 教材方面的積累

傳統古代語文教育流行的蒙學教材《三字經》、《百家姓》、《千字文》，是學童主要學習的材料。這三類教材的共同特點是：言簡意賅，押韻上口，易於記誦，實用性強。但反觀現在給兒童唸的兒歌，大多是短句寫成，方便記憶，但卻忽視了兒歌中的押韻，這方面宜多參考蒙學教材中運用的押韻。現時有些小學校長鼓勵學童認識《三字經》，也是無可厚非的。

　　古代優秀作品，例如春秋戰國時的歷史和哲理散文；漢魏六朝的辭賦；漢代樂府；魏晉南北朝的田園山水文學；唐代的詩歌、傳奇、散文；明、清小說都是我國語文教育的重要教學內容，選取一些優秀作品作為現代語文教學的教材，實有助學生認識中國文化。

2. 從誦讀和抄寫中積累語文素養

　　劉勰說："積學以儲寶。"（《文心雕龍‧神思》）表示多讀書是積學的捷徑。讀得多，自然積累豐富，是語文學習的基礎，因此從誦讀和寫字中積累學問。古代傳統重視誦讀、抄寫，受到現今教育界詬病。曾有一段長時間，認為背誦古詩文是"死記硬背"（趙志偉，2014）。現在的中國語文科，在內容理解上比以前着重多了，可是學生吟誦的功夫太少，多數學生是看看而已（韓軍，2001）。其實，一向以來，誦讀是學習中文的不二法門。誦讀古代經典的詩詞和文章，能培養學生的中文素養，這是一種對傳統學習中文的繼承。但中文教師也應抱有改良傳統古代語文教育的心，提升學習效能。例如對於一些艱深的原典籍，不應要求學生"生吞活剝"誦讀和抄寫古代詩文，可以採取靈活的活動教學方法，幫助學生"積累"對古代典籍的興趣。教師又可在選材時，應多選一些歷久彌新的篇章，讓學生對學習古代文言不覺厭惡，並從中產生誦讀興趣。

　　至於抄寫方面，現在的小學教育似乎對寫字教學有所忽略（趙志偉，2014）。現今電腦普及，許多學生學習中文打字，常常提筆忘字。同時他們字體寫得不好的情況也很普遍。傳統語文教育強調從臨摹寫字，不但是培養對漢字的認識，而是在寫的過程中養成一種做事認真的態度。宋代理學家程頤曾指出寫字時要恭敬和認真，這正是做學問的態度。中國文字是中國文化的一部分，因此在現今的語文教學中寫字學習是必要的，讓學生從小養成良好的習慣。但必須注意的是，學生在寫的過程中，必須要明白字的意思，不可不求甚解，盲從抄寫。

3. 善用正面考試的倒流效應

自古以來，中國讀書人都受考試制度的影響，如唐代的科舉，明代的八股文取士都是明顯的例子。雖然現今取消了科舉制，沒有八股文取士，但是仍有中文科的書面紙筆考試，以評核學生的語文能力。考試的形式和內容影響學生的學習和教師的教學，這便是現今所謂的"倒流效應"。"倒流效應"是指考試內容直接和間接影響學習內容。即是學生要考甚麼，他們便要學甚麼（Morrow, 1986；Morris, 1990；Cheng & Falvey, 2000；Chen, 2002），這現象與古代科舉制和八股文取士有些相似。其實"倒流效應"有正面和負面的影響，正面的倒流效應是評估學生的考試能帶動教與學的正面影響，例如用考試令他們努力讀書；相反，負面的倒流效應是指評估學生卻帶動教與學的負面影響，例如學生要強記考核內容，他們對考試感到憂慮（Cheng& Curtis, 2004）。古代八股文取士就產生了極大的負面倒流效應，封閉了考生的學習內容。

現時有不少中文科公開考試，其實都會產生不少"倒流效應"，問題是如何強化測考的正面倒流效應和淡化它帶來負的面影響。廖佩莉（2013）指出要強化正面的倒流效應，中文科的考試必須"質""量"並重。所謂"質"，是指試題的內容具質素的，例如閱讀範疇的試卷可考核學生回答高層次的問題。所謂"量"，是指試題的形式要多樣化，題目形式不應千篇一律。預計未來中國語文的評估仍是以考試為主，但若中文科公開考的試題是具素質的，便能幫助學生提升語文水平。因此筆者期望公開試中文科的試題是具水準的，從而產生正面的"倒流效應"，改善語文水平。

（二）優化和實踐近代語文教育的理念

如何優化近代語文教育的理念，並應用和落實在現今的語文學習上呢？首先，近代語文教育雖提倡白話文的學習，但現今語文教學是不應摒棄文言學習。韓軍（2005，頁21）指出現在中國語文教育是"偏了白話，應重視文言"，他解釋："文言與白話，是母子關係，根葉關係。白話絕大部分來源於文言，大部分雙音節詞是文言的演釋而來；絕大部分鮮活的成語，源自文言。"中國語文教育應是文言和白話並重。

其次，《奏定學堂章程》除了將傳統綜合語文科走向單獨設科外，把"中國文學"定為必修科，確立了中國文學在語文科的重要地位。但可惜時至今日，中國文學也有被忽視之嫌。韓軍（2005）指出中國語文教育是"偏了語言，應重視文學"。其實讀優秀的文學作品，最能豐富人的精神世界，提高人的審美能力（劉菊華，2009），在文學閱讀中，學生自然在潛然默化中培養自己的語文能力和民族性格。所謂"熟讀唐詩三百首，不會吟詩也會偷"。讀屈原，你會感受他的愛國情懷；讀陶潛，你會感到他"不為五斗米折腰"的氣概，讀多了，便會默默地形成了我國的民族性格。所以中國文學不應被忽視，現時的中國文學大都是選修科，未必所有學生能修讀，因此要優化中國語文課程，必須多加入文學篇章，令學生有更多機會接觸中國文學。

再者，近代語文教育的特點是在教學思潮上有所突破，如何科學地落實這些理念呢？發展語文教育的研究是必須的。遠自五四時期，蔡元培、胡適、陶行知和蔣夢麟等促成杜威、孟得等人來華講學，影響廣泛。例如杜威的實驗主義教育哲學，正吻合當時和以後中國教育的主導學說。繼杜威之後，孟祿、麥柯爾、柏克赫斯特等相繼來華，他們的理論為中國教育科學化奠下基礎，推進了國文教授及其研究對科學的探求（潘湧，2004）。在西方教育理論影響下，導致五四運動以後漸漸形成了注重教學研究的風氣，這是不容忽視，影響深遠。

時至今天，隨着語文教學的改革，中國語文教育研究的方向可從多角度、多層次、多元化的角度出發。所謂多角度、多層次和多元化是指從過去、現在和將來的層面來發展語文研究。就過去和現代的層面的研究而言，李新宇（2006）建議把語文教育的現狀研究與歷史研究結合起來；就將來的語文研究來說，他建議語文教育與相關學科作綜合性研究，他解釋：

"在語文教育理論研究領域，隨着教育改革的發展和教學研究的深入，人們的研究視野不再僅是語文學科自身，而是向一切語文學科密切聯系的學科領域拓展，用綜合研究方法多角度地認識語文教育的問題，於是，開闢了一系列嶄新的研究空間，出現了一新理論研究成果，語文教育心理學的建立。"（李新宇《語文教育學新論》，頁 58）

新的研究空間是指語文和其他領域的研究，例如中國語文學習和認知理念的結合，可能會發展一些新的理論。又例如中文是 21 世紀的強勢語言（翁湘玲，2009），隨着中國經濟的迅速發展，全球學習中文的人，不僅限於海外華人，更多是非華裔的學習者，他們來自不同的地方和國家，因此如何幫助他們學習中文也是一個研究的課題。雖然現在也有這方面研究，但是若能多從如何繼承和優化傳統和近代語文思潮角度出發，幫助他們學習中文，認識中國文化，這可算是語文教育研究的另一個仍待深究的領域。

五、結語

本文對中國傳統古代語文教育和近代語文教育的發展出作出了較有系統的概括，分析其特點。傳統古代語文教育為語文教育奠定了根基，近代語文教育是現今語文教育的雛型。今天的語文教育和過去的語文教育是一個相互銜接的有機整體（劉正偉，顧黃初，2000）。中國語文教育歷史悠久，它具備中國文化的精粹，有不少值得借鑒的地方。現今的語文教育應多繼承和改良傳統古代語文教育，優化和落實近代語文教育的理念。雖承傳過去語文教育的優勢，但不會盲從附和全盤接收；雖吸收外國的教育經驗，但不應盲目仿效。要發展具中國特色的語文教育，提升中國語文教育的素質，就必須具備承傳，改良和優化古代和近代語文教育的決心，用開放的視野，推動多角度、多層次、多元化的語文教育研究，為中國語文教育改革帶來一些新方向，為中國語文教育國際化邁進一步。

參考文獻

陳冬倩（2012）中國語文教育的歷史發展軌跡追溯，《才智》，20，126。

韓軍（2005）百年中國語文教育十大偏失，《基礎教育月刊》，12，20-25。

韓軍（2001）百年現代中國語文教育八大關係，《中學語文教學》，1，21-24。

許序修、施仲謀（2007）中華傳統文化教育與語文課程改革 —— 兼談香港中華文化承傳教育，《中學語文教學參考》，1，19-22。

靳健、石義堂（主編）（1997）《現代語文教育學》，蘭州：甘肅教育出版社。

李新宇（主編）（2006）《語文教育學新論》，江蘇：南京師範大學出版社。

李杏保、顧黃初（1997）《中國現代語文教育史》，四川：四川教出版社。

廖佩莉（2013）倒流效應：香港全港性系統評估（TSA）對小學中國語文科教師的影響，《教育研究月刊》，228，86-102。

劉菊華（2009）中國語文未來趨勢展望，《藝海》，3，122-123。

劉正偉、顧黃初（2000）關於中國語文教育史研究對話，《中國語文教學》，10，16-18。

潘湧（2004）外國教育思潮與漢語文教育的價值嬗變，《課程、教材、教法》，172，23-28。

王松泉（1995）關於中國語文教育發展的分期問題，《首都師範大學學報（社會科學版）》，4，114-118。

王松泉、錢威（2002）《中國語文教育史簡編》，北京：社會科學文獻出版社。

王偉鵬（2000）《中學語文教育學與語文教學改革》，長春：東北師範大學出版社。

王文卓（2009）中國語文教育歷史發展軌跡綜述，《現代語文（教學研究版）》，11，32-34。

翁湘玲（2009）《語言教育的全球化 —— 英語全球化 VS 全球中文瘋》，取自：http://eje.km.edu.tw/

張隆華（1994）以史為鏡 —— 編寫中國古代語文教育史的一些思考，《河北師範學報（社會科學版）》，4，139-143。

張隆華、曾仲珊（1995）《中國古代語文教育史》，成都：四川教育出版社。

趙志偉（2014）傳統語文教育的特點及對當下教學的意義，《福建教育》，1，28-30。

周慶元（2014）《略談中國語文教育改革與發展的"三要素"》，《湖南行政學院學報（雙月刊）》，1，43-46。

Chen, L. M. (2002) *Washback of a Public Examination on English Teaching.* Retrieved fromhttp://www.eric.ed.gov/ERICWebPorta/search/SimpleSearch. jsp?newSearch=true&eric_oftField-&searchttype=adv.

Cheng, L., & Falvey, P. (2000). What works? The washback effect of a new public examination on teachers' perspectives and behaviours in classroom teaching, *Curriculum Forum*, 9(2).

Cheng, L., Curtis, A., L. Cheng., Y. Watanabe & A. Curtis. (eds.). (2004). Washback or backwash: A review of the impact of testing on teaching and learning, *Washback in Language Testing: Research Contexts and Methods*, Mahwah, New Jersey: Lawrence Erlbaum Associates, Inc. http://www.eric.ed.gov/ERICWebPorta/search/ SimpleSearch.jsp?newSearch=true&eric_oftField-&searchttype=adv.

Morris, P. (1990). *Curriculum in Hong Kong*, Hong Kong: Faculty of Education, The University of Hong Kong.

Morrow, K. (1986). The evaluation of tests of communicative performance. *Innovations in Language Testing*, London: NFER/Nelson, 1-3.

轉載自：廖佩莉（2016）：回顧與展望：析論中國語文教育的發展，施仲謀（主編），漢語教學與研究新探，（64-76），香港，中華書局。